A Vila que Descobriu o
Brasil

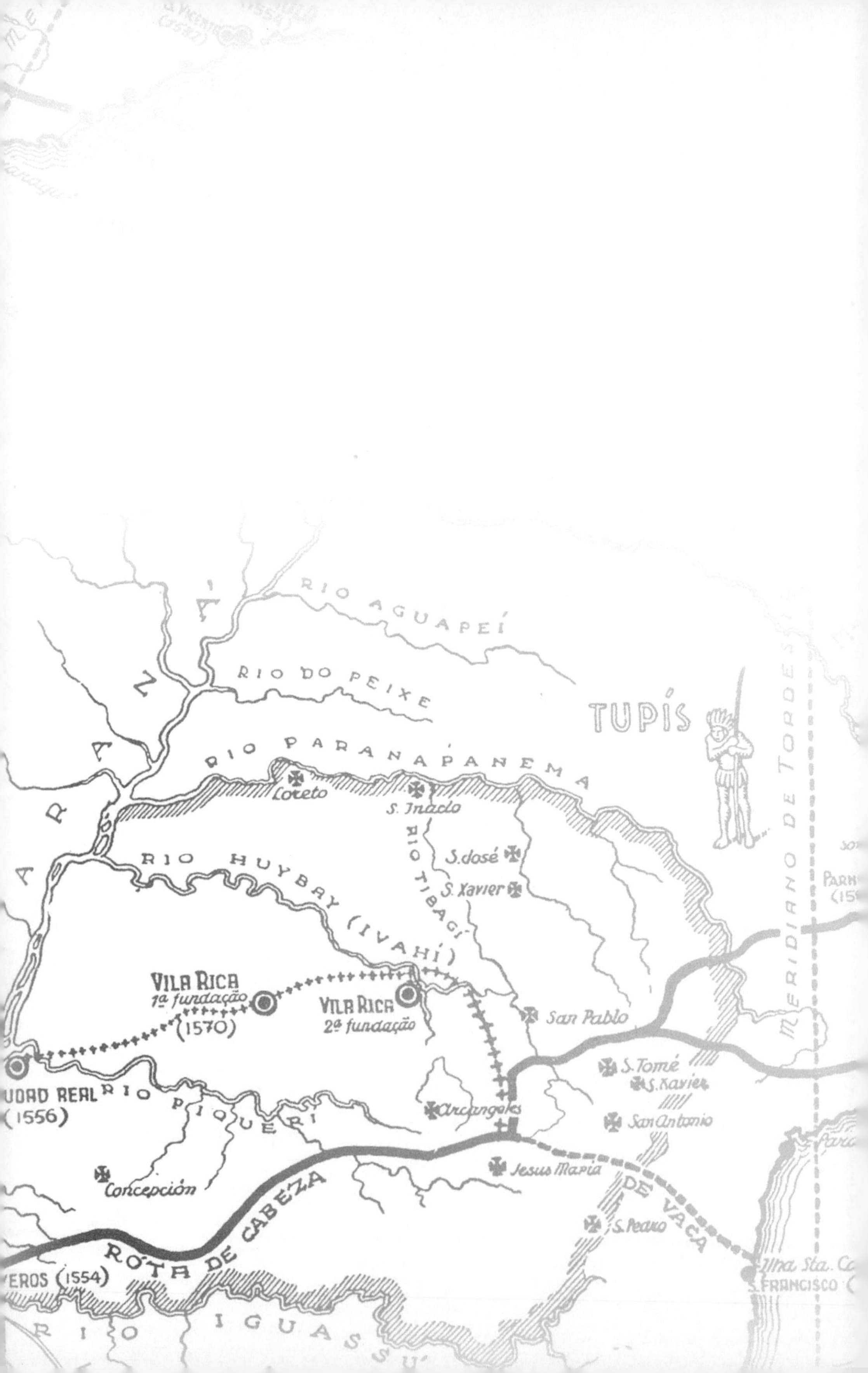
RIO AGUAPEÍ
RIO DO PEIXE
TUPÍS
RIO PARANAPANEMA
Loreto
S. Inacio
RIO TIBAGÍ
S. José
S. Xavier
RIO HUYBAY (IVAHÍ)
VILA RICA
1ª fundação
(1570)
VILA RICA
2ª fundação
San Pablo
S. Tomé
S. Xavier
San Antonio
Arcangeles
UDAD REAL
(1556)
RIO PIQUERI
Concepción
Jesus Maria
ROTA DE CABEZA DE VACA
S. Pedro
YEROS (1554)
RIO IGUASSU
S. FRANCISCO
MERIDIANO DE TORDES

RICARDO VIVEIROS

A Vila que Descobriu o Brasil

A incrível história de

Santana de Parnaíba

2ª EDIÇÃO

GERAÇÃO

2ª edição — Junho de 2016

Grafia atualizada segundo o Acordo Ortográfico da Língua Portuguesa
de 1990, que entrou em vigor no Brasil em 2009

Editor e Publisher
Luiz Fernando Emediato

Diretora Editorial
Fernanda Emediato

Assistente Editorial
Adriana Carvalho

Coordenação
Ricardo Viveiros

Pesquisa Histórica
**Dalton Sala, José Sergio Rocha
e Ralph Mennucci Giesbrecht**

Assistentes
**Agacir Soares Eleutério, Fábio das Neves Donadio, Izes Bastianon Chaves Oliveira,
José Francisco Scarpa e Mônica Cardozo da Silva**

Fotografias
Pesquisa Iconográfica

Capa e Projeto Gráfico
Alan Maia

Diagramação
Kauan Sales

Revisão
**Daniela Nogueira
Josias A. Andrade**

DADOS INTERNACIONAIS DE CATALOGAÇÃO NA PUBLICAÇÃO (CIP)
(Câmara Brasileira do Livro, SP, Brasil)

Viveiros, Ricardo
    A vila que descobriu o Brasil : a incrível história de Santana de
Parnaíba / Ricardo Viveiros. -- Geração Editorial, 2014.

    Bibliografia.
    ISBN 978-85-8130-225-6

    1. Brasil - História 2. Santana de Parnaíba (SP)
I. Título.

14-00463   CDD: 981.552

Índices para catálogo sistemático

1. Santana de Parnaíba : São Paulo : História   981.552

GERAÇÃO EDITORIAL
Rua Gomes Freire, 225 — Lapa
CEP: 05075-010 — São Paulo — SP
Telefax: (+ 55 11) 3256-4444
E-mail: geracaoeditorial@geracaoeditorial.com.br
www.geracaoeditorial.com.br

SUMÁRIO

Sumário

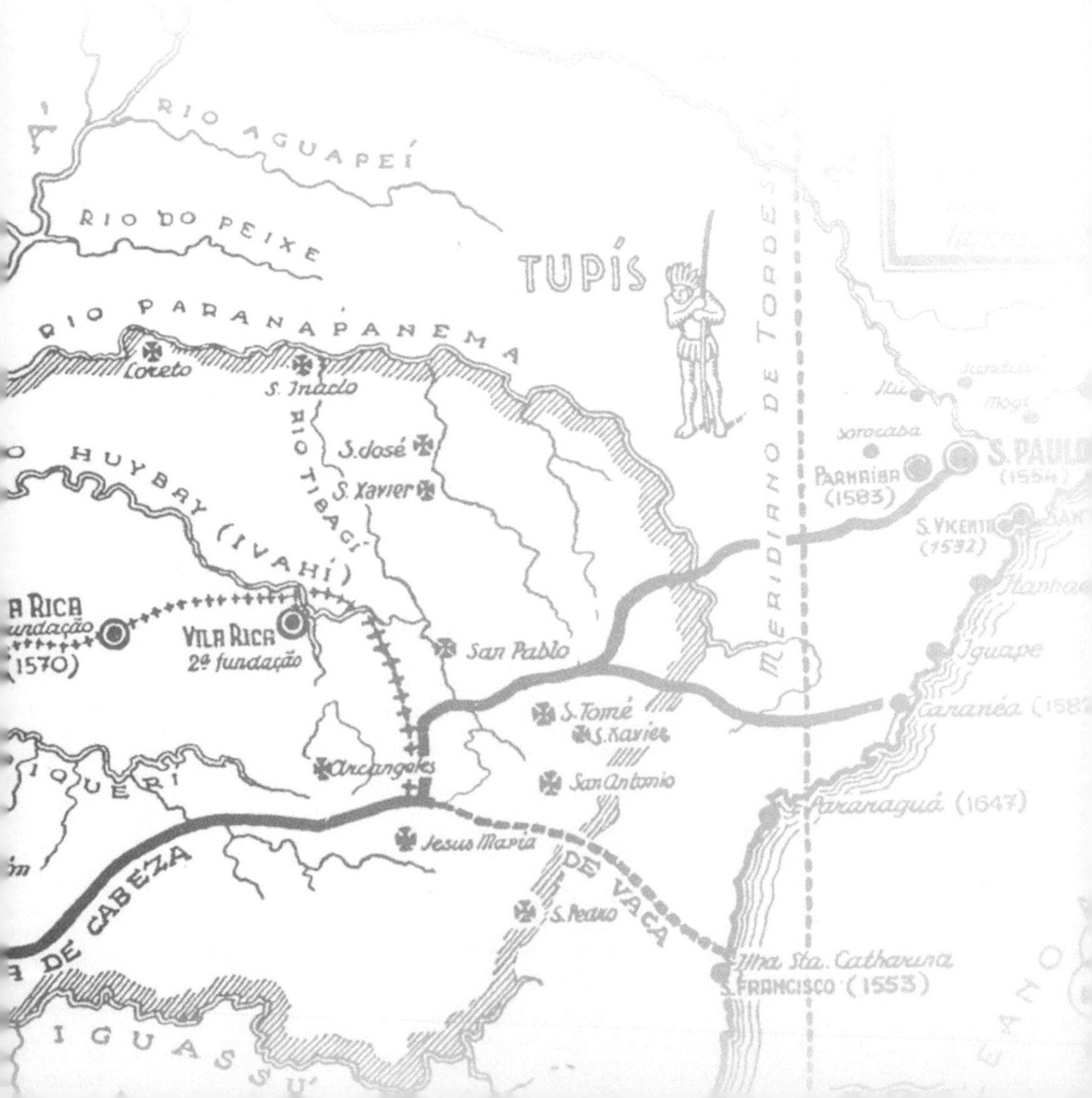

RIO AGUAPEÍ
RIO DO PEIXE
TUPÍS
RIO PARANAPANEMA
MERIDIANO DE TORDES
Loreto
S. Inacio
RIO TIBAGI
S. José
S. Xavier
HUYBAY (IVAHÍ)
Itu
Sorocaba
PARNAÍBA (1583)
S. PAULO (1554)
S. VICENTE (1532)
Itanhaen
Iguape
Cananéa (1587)
VILA RICA 2ª fundação
(1570)
San Pablo
S. Tomé
S. Xavier
San Antonio
Arcangeles
Jesus Maria
DE CABEZA
DE VACA
S. Pedro
Paranaguá (1647)
Ilha Sta. Catharina
S. FRANCISCO (1553)
IGUASSU

AGRADECIMENTOS

ELIZ DO HOMEM que escreve movido pela paixão. É uma dádiva conhecer Santana de Parnaíba. Em 2003, publiquei a história de Alphaville — 30 anos de um sonho que se tornou realidade, modelo internacional de urbanismo moderno. Alphaville é, apenas, um bairro de Santana de Parnaíba.

Assim, ao estudar a história da região, nasceu a ideia deste novo livro.

Os historiadores Dalton Sala e Ralph Menucci, respeitados nomes da literatura no gênero, tão logo lhes falei a respeito do livro, entusiasmaram-se em realizar o complexo trabalho de pesquisa. Meus agradecimentos a eles são, também, extensivos às professoras Agacir Soares Eleutério, Mônica Cardozo da Silva e Izes Bastianon Chaves Oliveira, pela fase complementar de investigação histórica, na qual se destaca o criterioso levantamento de fotos e documentos que compõem a iconografia do livro.

Não poderia deixar de agradecer o inestimável apoio de toda a população da cidade, valiosa ajuda para que este livro tenha se tornado realidade.

O reconhecimento, ainda, aos companheiros de trabalho, na Ricardo Viveiros & Associados – Oficina de Comunicação, que permitiram — com seu talento, competência e dedicação — meu distanciamento do dia a dia da empresa para dedicar vários meses, com exclusividade, à história de Santana de Parnaíba. Na pessoa do meu amigo pessoal e diretor de Operações da empresa, jornalista Marco Antonio Eid, abraço a todos.

Meu agradecimento à minha mulher, Márcia, aos meus filhos Felipe e Miguel, e aos meus netos Juliana e Lucas, que souberam, mais uma vez, entender que o extenuante ofício de escrever do marido, do pai e do avô por vezes exige a necessária ausência (mesmo estando presente) para que pudesse mergulhar em tão complexa e alentada obra. Por toda a compreensão recebida, dedico este livro à minha família — que sempre me cerca de carinho e apoio no, nem sempre compreendido, trabalhoso ofício de escritor.

Finalmente, a emocionada recordação de meu filho Ricardo que, com apenas 26 anos, morreu com a filha caçula, Mariana, de poucos sete meses, vítimas da violência de São Paulo, a metrópole. Ele, inspirado artista gráfico, estaria feliz com o resgate desta história de Santana de Parnaíba — um lugar onde se pode residir e trabalhar em paz — cercado de boas pessoas, ouvindo os pássaros sob a sombra das árvores, como ele sempre gostou de estar e sonhou viver, por muitos anos, ao lado da mulher e dos filhos.

RICARDO VIVEIROS

O MUSEU DE ARTE SACRA de São Paulo e a Biblioteca Histórica Paulista cederam várias imagens aqui reproduzidas. Agradecemos a estas duas instituições e aos seguintes amigos que também contribuíram generosamente com fotos e ilustrações de sua propriedade que usamos neste livro:

Ana de Oliveira Dóglio, Anna Margarida de Jesus, Antonina Gilka Pollice Botelho, Cacilda Oliveira Silva, Celso Luís Salvador, Débora Salvador Chaves de Campos, Dirce Antunes de Siqueira Rosin, Ediméia Aparecida da Silva, Holmes Villar Filho, Iracema Cardoso, José Fábio Silva, Luiz Antônio de Souza, Maria Aparecida da Silva Branco, Maria Apparecida de Miranda, Maria Isabel Serra de Freitas, Marta de Azevedo Rodrigues, Norberto Machado, Oberdan Miguel de Camargo, Ophélia Moraes Moreira, Pedro do Canto Filho, Rodolpho Cremm, Rosely Maria da Silveira Oliveira Salles, Roseny Aparecida Oliveira Pinto, Sidney Antonio S. Pontes, Takuro Kawamoto e Wilma da Silva Bucci.

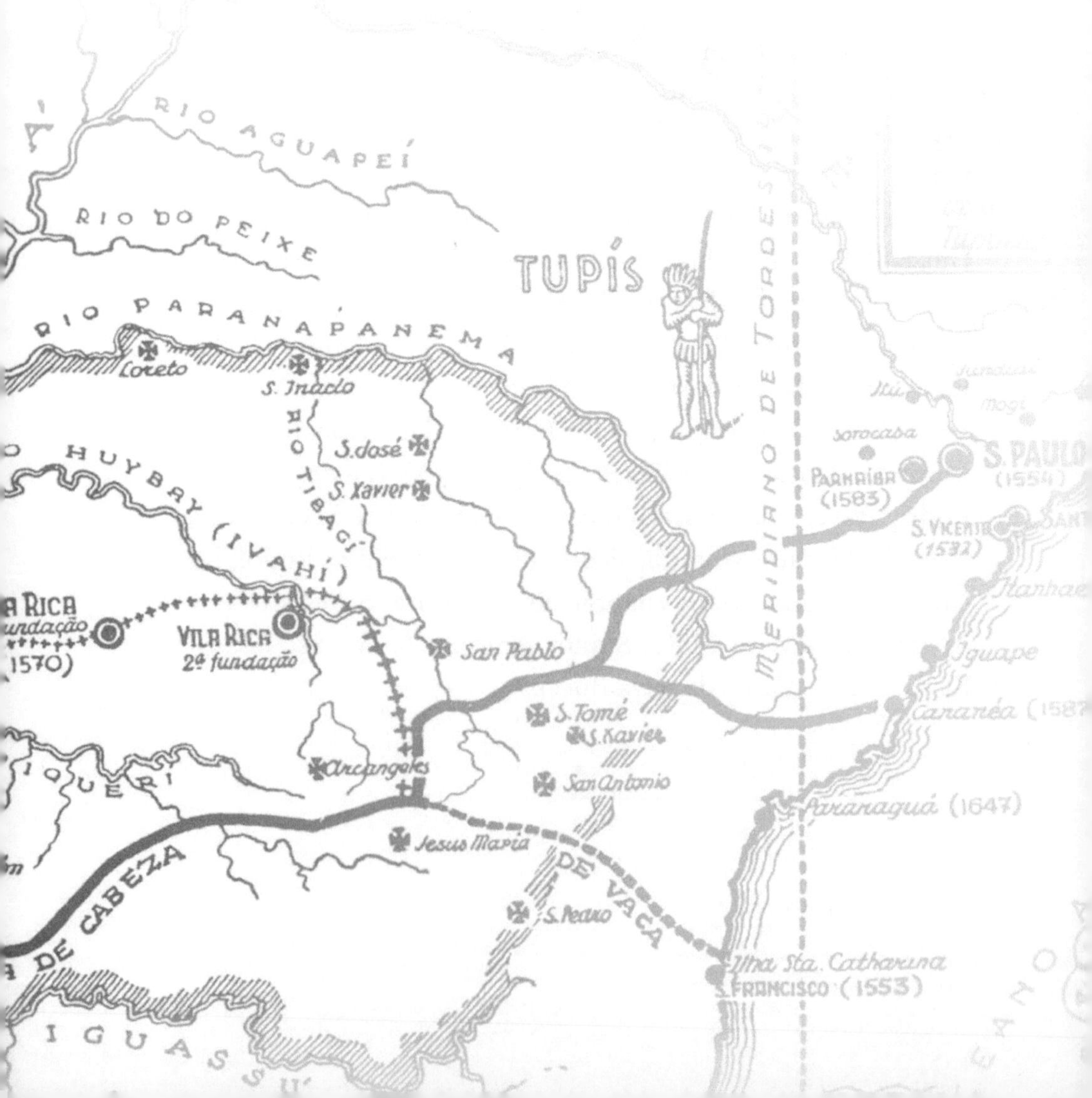
RIO AGUAPEÍ
RIO DO PEIXE
TUPÍS
RIO PARANAPANEMA
MERIDIANO DE TORDESI
Coreto
S. Inacio
RIO TIBAGÍ
S. José
S. Xavier
HUYBAY (IVAHÍ)
Itú
Sorocaba
Mogi
PARNAÍBA (1583)
S. PAULO (1554)
S. VICENTE (1532)
Itanhaé
Iguape
Cananéa
VILA RICA 2ª fundação
San Pablo
S. Tomé
S. Xavier
San Antonio
Arcangeles
Paranaguá (1647)
Jesus Maria
DE CABEZA
DE VACA
S. Pedro
Ilha Sta. Catharina
S. FRANCISCO (1553)
IGUASSU

O AUTOR ESTENDE seus agradecimentos aos depoentes que, fornecendo informações relevantes sobre os diversos períodos históricos, deram sua contribuição a este livro:

Aloísio Camilo, Ana Margarida de Jesus, Ângelo Marchesini, Antônio Branco (Toninho Moderato) (*in memoriam*), Antônio Campos Teixeira, Antônio Genésio Arruda (Zuta), Benedicto Antônio Pedroso (Benê), Benedita Odette de Moraes Savoia (*in memoriam*), Bertha Moraes Nerici, Celina Costa Machado, Cláudio Bastianon (Cardé) (*in memoriam*), Gentil Sciola, Hamar Lua (*in memoriam*), Haroldo Gesué Bastianon, Iracema Cardoso, Izaltino Valério, João Antonio Miguel Camargo, João Chaves de Oliveira Filho, Laura Marques da Silva Muriano, Leônidas Chaves (Negrinho Chaves), Maria Apparecida de Miranda (Cidinha Amaral), Maria Machado Bonifácio, Maria Madalena Valério, Norberto Reginaldo Rocha, Ophélia Moraes Moreira, Roque Barletta, Sebastião Salvador Chaves, Takuro Kawamoto, Toshiko Kawamoto e Wilson Pinto Marques (*in memoriam*).

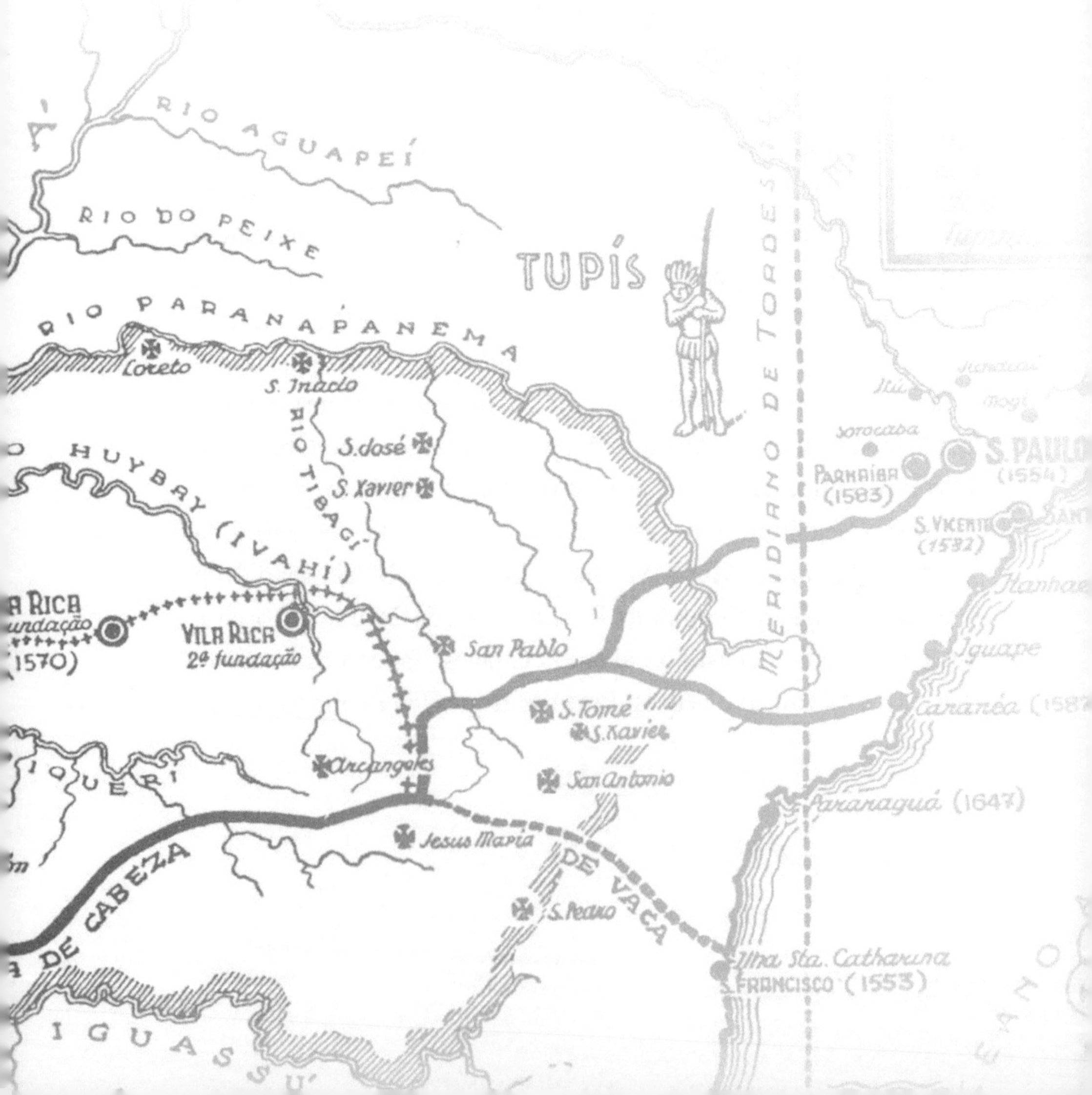

RIO AGUAPEÍ
RIO DO PEIXE
TUPÍS
RIO PARANAPANEMA
Loreto
S. Inacio
RIO TIBAGI
S. José
S. Xavier
HUYBAY (IVAHÍ)
MERIDIANO DE TORDESILHAS
Itú
Sorocaba
Jundiaí
Mogi
S. PAULO
(1554)
PARNAIBA
(1583)
S. VICENTE
(1532)
Itanhaem
Iguape
Cananéa (1587)
VILA RICA
2ª fundação
(1570)
San Pablo
S. Tomé
S. Xavier
Arcangeles
San Antonio
Paranaguá (1647)
Jesus Maria
DE CABEZA
DE VACA
S. Pedro
Ilha Sta. Catharina
S. FRANCISCO (1553)
IGUASSU

PREFÁCIO

OS PRIMEIROS COLONOS chegados a São Vicente, em 1532, com a expedição de Martim Afonso de Sousa, conquistaram, a duras penas, o Planalto de Piratininga, onde fincariam, pouco mais de vinte anos depois, o marco da futura cidade de São Paulo.

Para muito além, no rumo Oeste, estendiam-se as terras ignoradas, um sonhado mundo coberto de ouro e prata escondido sob o verde de espessas matas — terras a serem conquistadas.

Menos de trinta anos depois da fundação de São Paulo de Piratininga, onde um dos colonos, João Ramalho, não se sabe se por amor ou esperteza, tomou para sua mulher uma índia chamada Bartira, filha do cacique Tibiriçá, um grupo de paulistas decidiu seguir adiante.

Iniciava-se a marcha para o Oeste, tendo como caminho principal o curso do rio Tietê, cujas águas, em vez de correr para o mar, embrenhavam-se interior adentro, como um convite aos que ousassem se lançar na grande aventura de desbravar o sertão.

O ponto de partida para o sertão desconhecido começou a ser povoado em 1580, na margem esquerda do Tietê, logo abaixo do lugar onde o rio despencava numa cachoeira a que os colonos deram o nome de Inferno, e os indígenas, nomes mais apropriados e poéticos. Um deles, Parnaíba, significava "a quebra da grande água".

E Parnaíba ficou sendo o nome do lugar.

A água que ali se "quebrava" ia amansando aos poucos, serpenteando entre serras, até se espraiar logo adiante, no lugar chamado Porto Feliz.

No final do século XVI o povoado já fervilhava de gente e, poucos anos depois, em 1625, era elevado à categoria de vila, a qual, segundo um de seus historiadores, o padre Paulo Florêncio da Silveira Camargo, rivalizava com a de São Paulo. Ali havia "nobres, índios, mamelucos, igreja e câmara!", descreve o padre. A vila nascia com a inquietação das descobertas.

Parnaíba foi o ponto de partida para as bandeiras que se embrenharam até os mais longínquos sertões, empurrando para frente as fronteiras do Brasil, e agora, passados mais de quatrocentos anos de sua fundação, para a escrita de mais uma de suas histórias. Temos aqui, neste novo livro de Ricardo Viveiros, uma história que resultou de mais de cinco anos de minuciosas pesquisas, parte das quais exigiram do autor fazer o caminho de volta dos colonizadores, para consultas em arquivos portugueses.

O título do livro — *A Vila que Descobriu o Brasil* — revela-se apropriado desde as suas primeiras linhas. Logo aparece a fascinante figura da matriarca Suzana Dias, filha do português Lopo Dias e neta do cacique Tibiriçá. Suzana passou a comandar a sesmaria que pertencia a seu marido, o português Manuel Fernandes, morto em 1589, e, além da administração de sua imensa fazenda, exercia papel cada vez mais forte na povoação, à qual doou a igreja dedicada a Sant'Ana, significativamente considerada a padroeira dos mineradores. Daí o nome da vila de onde os bandeirantes partiam em busca do ouro e de outras riquezas — Santana de Parnaíba, o mesmo da cidade atual.

Dos filhos de Suzana Dias, alguns, mesmo antes de se tornarem homens feitos, partiram para a conquista do sertão, integrando bandeiras, primeiro para o aprisionamento de índios que se tornariam escravos, e depois tocados pela febre do ouro e das pedras preciosas.

Parnaíba era a base para as expedições e também posto avançado de vigilância para impedir o acesso de aventureiros castelhanos e índios hostis à vila de São Paulo e a São Vicente, sede da Capitania.

Dali partiam não só os filhos da terra, mas os bandeirantes da Vila de São Paulo. André Fernandes, primogênito de Suzana, foi um desses desbravadores. Muitos outros ali nasceram ou para ali passaram no rumo do sertão. Entre outros, os lendários Fernão Dias Pais Leme, Raposo Tavares, Bartolomeu Bueno da Silva, o Anhanguera, Borba Gato e Domingos Jorge Velho. Este último fundou cidades e entrou para a história como o destruidor do Quilombo dos Palmares, em Alagoas, onde Zumbi resistira durante anos contra sucessivas expedições e sonhara com a libertação de seu povo.

Ricardo Viveiros narra a fascinante história de Parnaíba com a preocupação do repórter atento que sempre foi. Ele é, como todo bom repórter, um caçador de histórias, do tipo que é capaz de ir até o fim do mundo para contar o que viu. De certa forma, um tipo de bandeirante da informação.

Autor de mais de trinta livros, ele soube juntar a paixão do jornalista ao rigor da pesquisa histórica, para produzir um texto preciso, atrativo e bem escrito, como este que nos fala da vila que descobriu o Brasil.

AUDÁLIO DANTAS*

* Jornalista e escritor, premiado pela ONU e com vários livros publicados, recebeu em 2013 o Prêmio Intelectual do Ano — Troféu "Juca Pato", da União Brasileira de Escritores (UBE) e o Prêmio Jabuti nas categorias de melhor livro de Reportagem e Livro do Ano de Não Ficção, da Câmara Brasileira do Livro (CBL).

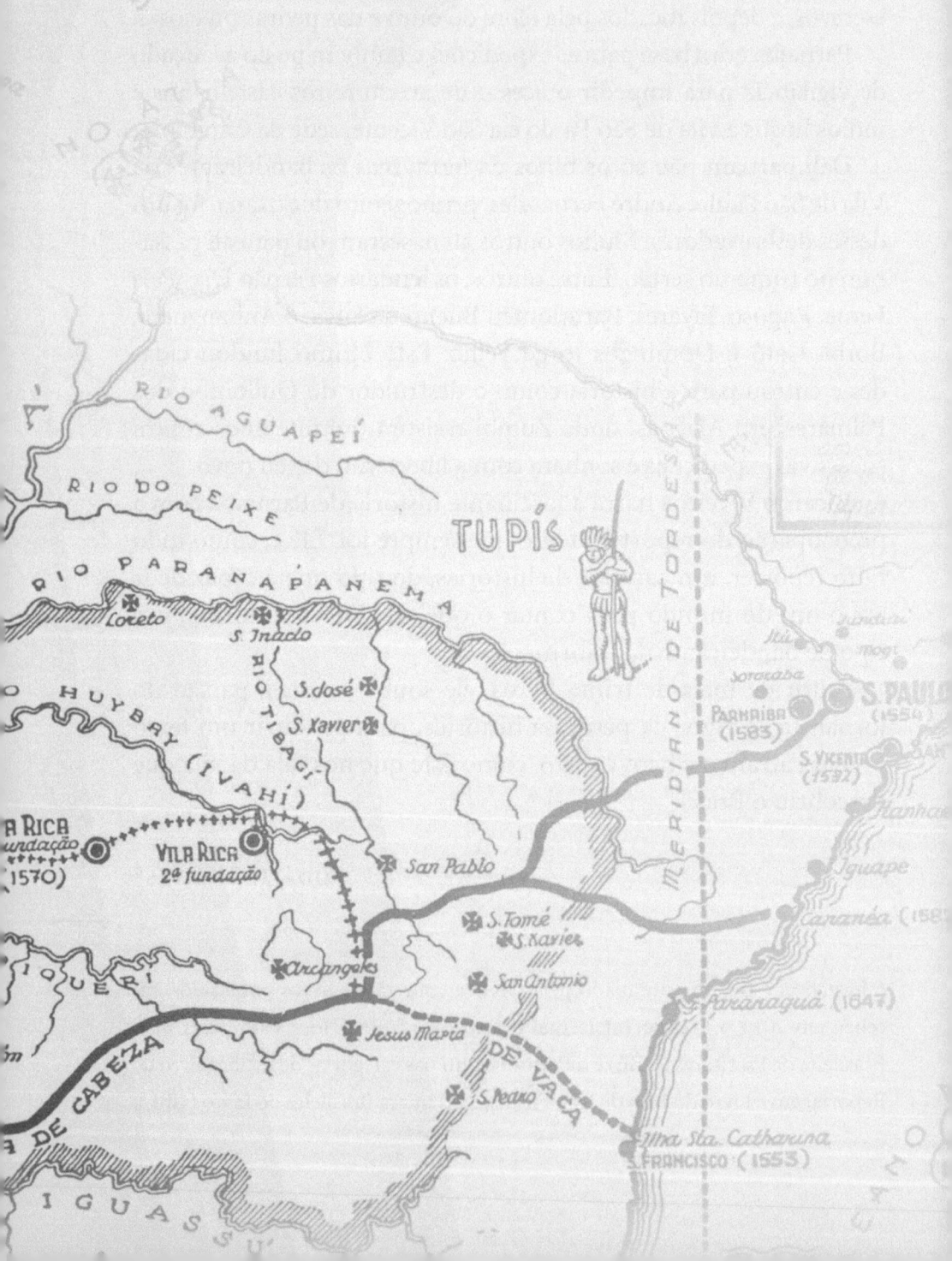

"Os bandeirantes que residiam em Parnaíba, trazendo continuamente índios para as lavouras, aumentavam consideravelmente a população e, como o regime era de domínio, vê-se o progresso radiante da vila, repleta de gente e de trabalhos novos.

Em nada era-lhe superior a Vila de São Paulo. Tudo que ali havia encontrava-se em Parnaíba: nobres, índios, mamelucos, igreja e câmara! Daí a rivalidade entre as duas vilas. Nas Bandeiras de São Paulo sempre havia um grupo de Parnaíba, grupo conhecido e respeitado!"

Padre Paulo Florêncio da Silveira Camargo

Autor da obra pioneira "Notas para a História de Parnahyba"

A TENTATIVA DE DIVIDIR O MUNDO

Sᴇɪs ᴀɴᴏs ᴀɴᴛᴇs ᴅᴏ desembarque de Pedro Álvares Cabral no litoral de Porto Seguro, o mundo foi dividido ao meio pelos dois países detentores da melhor tecnologia naval à época. A monarquia portuguesa e o reino vizinho de Aragão e Castela estavam envolvidos numa espécie de corrida espacial que, em vez de foguetes, estações orbitais e sondas estelares, dependia da direção dos ventos, da estabilidade das caravelas e do manuseio correto de bússolas, sextantes e astrolábios. E, mais que tudo, da coragem dos que se dispusessem a enfrentar os muitos perigos dos oceanos.

Guardadas as proporções, foi isso mesmo que aconteceu — a disputa por espaços já reconhecidos e pelos continentes e ilhas que ainda não haviam sido descobertos, num planeta tão ignorado pelos navegadores dos séculos XV e XVI quanto as galáxias o são, nos dias atuais, para os físicos, matemáticos, engenheiros e seus superpotentes computadores.

Desde a Antiguidade, filósofos da Grécia já imaginavam um planeta em forma de globo, mas quem comprovou essa teoria foi o português Fernão de Magalhães, na grande volta ao mundo iniciada em 1519, com seus cinco navios sempre seguindo o rumo oeste até regressarem ao mesmo ponto de partida.

Ao Porto de Sevilha, onde a aventura começou, a esquadra retornou três anos depois, em 1522, provando que os gregos não haviam errado em suas previsões. A Terra não tinha ponto final, não era uma caixa, não era um quebra-cabeça e, muito menos, um mar sem fim. Navegar era preciso, para obter a certeza geográfica das dimensões do mundo e constatar que, em terras distantes do além-mar, viviam outros povos, com outros costumes e crenças.

Fernão de Magalhães tinha apenas catorze anos quando os representantes de João II, o Príncipe Perfeito, e dos reis católicos, Fernando e Isabel, se reuniram numa pequena cidade à beira do rio Douro e assinaram, com a bênção do Papa Alexandre VI, o Tratado de Tordesilhas, no dia 7 de junho de 1494.

Esse documento traçou uma linha imaginária a 370 léguas das ilhas de Cabo Verde e, a partir de então, todas as terras que ficassem a oeste pertenceriam ao reino de Aragão e Castela (só se chamaria Espanha no século seguinte, durante o reinado de Felipe II); as que estavam situadas a leste caberiam a seu antigo Condado Portucalense, agora um pequeno e poderoso país que se expandia por mares nunca dantes navegados, alcançando outros patrimônios.

A regra valia para as terras ditas existentes e para as que restavam ser encontradas, pois havia muito a se descobrir nos anos seguintes. Logo ficou claro que os espanhóis detinham maior poder político, pois o tratado correspondia mais às aspirações dos reis católicos — que, aliás, contavam com um aliado forte, um papa espanhol — do que às pretensões da monarquia vizinha. No entanto, a habilidade diplomática dos portugueses era bem mais eficiente. Embora ratificado em 1506, o tratado nunca foi demarcado. Os espanhóis bem que tentaram, restringindo ainda mais o espaço português, até cem léguas do arquipélago de Cabo Verde, mas não tiveram êxito.

NO TEMPO DAS ENTRADAS: a tribo catequizada ajuda a combater indígenas hostis

A cidade próxima a Valladolid continua pequena nos dias de hoje. Tem 8 mil habitantes e atrai, anualmente, não somente pesquisadores interessados em fotografar os lugares históricos de 1494 e conhecer as origens do novo mundo surgido das brumas medievais. Recebe, também, os praticantes de seus torneios radicais de motociclismo e, ainda, indignados defensores da vida animal para protestar contra a barbárie das touradas que acontecem durante a Semana Santa.

Já o Tratado de Tordesilhas não vingou do jeito que os espanhóis imaginaram. E isso não se deveu apenas ao esperto corpo diplomático de d. João II e de seus sucessores. Nos dois séculos seguintes, essa tal divisão do mundo foi desmoralizada por seguidas gerações de homens rudes, alguns brancos e outros mestiços que, no lado oposto do oceano, desbravaram os sertões e fixaram os verdadeiros limites de uma nova pátria. No dizer dos historiadores, "vergaram a vertical de Tordesilhas".

Eles eram os chamados "bandeirantes". E muitos deles — certamente, a maioria dos principais capitães de bandeiras — vieram de um mesmo lugar paradisíaco, próximo a uma grande cachoeira, com índios selvagens e agressivos. Este lugar é Santana de Parnaíba, que, a exemplo da espanhola Tordesilhas, também cuida de manter viva sua história, participando de todos os movimentos culturais de resgate das boas coisas do Brasil. Afinal, Santana de Parnaíba é um dos berços esplêndidos da brasilidade — senão, o principal.

Diante do desafio de revelar a história de uma cidade muito especial para o Brasil, concordei, sem hesitação, em contar o que foi possível descobrir de uma longa e cuidadosa pesquisa sobre a rica história de Santana de Parnaíba. A cidade, que em 2013 completou 433 anos de sua fundação, ocorrida em 1580, e 388 anos de sua elevação a vila, em 14 de novembro de 1625, é obra de uma família em que despontaram figuras fortes como a matriarca Suzana Dias e seu filho André Fernandes, um dos primeiros bandeirantes paulistas.

Preservar a memória da humanidade — nossas origens, momentos bons e ruins, feitos de personagens, antecedentes de situações contemporâneas, evolução e trajetória do ser humano ao longo do tempo — é parte integrante da História, ciência de significativa importância para a cultura individual e coletiva. O estudo do passado, neste caso específico do livro que ora entregamos ao público, representa um compromisso com esses valores e, acima de tudo, o legítimo direito dos cidadãos de conhecerem fatos e protagonistas da vida dessa cidade em que nasceram e/ou vivem.

Que este livro encontre nos leitores o mesmo desejo de conhecimento e respeito aos fatos que pautaram o trabalho do autor. E, quem sabe, possa despertar maior interesse para essa importante cidade, Santana de Parnaíba, berço de mulheres e homens corajosos, empreendedores, que fizeram do Brasil o maior país do continente e um dos maiores do mundo, com suas Entradas e Bandeiras.

Ainda hoje, novas e sucessivas gerações de parnaibanos (e de "filhos adotivos", por opção) continuam participando de forma pujante no crescimento e desenvolvimento paulista e nacional — são os herdeiros do principal legado dos bandeirantes, os novos arquitetos e construtores de um futuro ainda melhor para o Brasil.

RICARDO VIVEIROS

NO TEMPO DAS ENTRADAS:
a cruz no pescoço das
índias convertidas

CAPÍTULO I

A CAPITANIA

*P*ASSADOS ALGUNS MESES da chegada das treze caravelas a Porto Seguro, um dos tripulantes da esquadra de Pedro Álvares Cabral foi encarregado de responder às dúvidas do reino de Lisboa sobre as reais dimensões do território descoberto em1500. Gaspar de Lemos recebeu a incumbência de chefiar a nova expedição, não só por ter experiência de navegador — ele comandara justamente a caravela dos mantimentos — mas, também, pela fama de se expressar em várias línguas. Amigo e protegido de Vasco da Gama, o capitão Gaspar voltou para Lisboa com a informação de que não se tratava de uma ilha, como pensaram Cabral e seu escrivão Pero Vaz de Caminha. Eram terras que pareciam não ter fim.

Depois de enviar para o outro lado do oceano muitos acusados de crimes de morte, de roubos e, principalmente, de práticas de heresia, no ano de 1516 os portugueses começaram a organizar expedições para defender a costa brasileira dos corsários que a infestavam. Cristóvão Jacques comandou duas dessas expedições e fundou uma feitoria em Itamaracá para capturar os franceses que traficavam pau-brasil. Com uma faixa litorânea tão vasta, era preciso criar núcleos de povoações para fixar os colonos e proteger de verdade aquele posto avançado. Operações punitivas como as que foram realizadas por Jacques, que tratou os franceses com extrema crueldade, não bastavam.

Entre os colonos estavam os degredados, que se tornariam aliados imprescindíveis, pois haviam se inteirado do potencial de riquezas do novo território. Afinal de contas, eram portugueses desejosos de prestar bons serviços à Coroa e passar uma borracha no passado, tirando justo proveito nas explorações.

Um desses homens era João Ramalho. De passado obscuro, há quem afirme que nem mesmo era criminoso deportado, mas um aventureiro que largara mulher e filhos em Portugal. Ele chegou ao Brasil entre 1508 e 1512 e foi viver com a tribo dos guaianases, casando-se com Bartira, uma das filhas do cacique. Fundador da Vila de Santo André da Borda do Campo (o atual município de Santo André), João Ramalho teve participação ativa na missão do primeiro donatário da Capitania de São Vicente, Martim Afonso de Souza, que desembarcou naquela vila em 1532 com o objetivo de explorar e patrulhar o litoral, buscar metais preciosos e dar início à colonização.

Havia um problema: as nações indígenas constituíam uma confederação de tribos espalhadas pelo território atual do estado de São Paulo, das quais as mais importantes eram a de Geribatiba (hoje, Santo Amaro), a de Ururaí (a atual São Miguel Paulista) e a de Piratininga (na colina junto à foz do Rio Anhangabaú), esta chefiada pelo lendário cacique dos guaianases, Tibiriçá.

A presença de um branco entre os guaianases, que viviam junto ao que viria a ser o núcleo da cidade de São Paulo, foi providencial. O genro de Tibiriçá evitou um conflito entre os indígenas e os integrantes da expedição de Martim Afonso de Souza. Em vez de guerra, o que acabou acontecendo foi um pacto entre a tribo e os portugueses, seguido da conversão dos guaianases ao cristianismo.

O cacique adotou o nome de Martim Afonso Tibiriçá, em homenagem ao conquistador.

❦

Originalmente, os colonizadores alcançavam o Planalto de
Piratininga apenas escalando as escarpas íngremes da Serra do
Mar. Depois de uma travessia que podia durar até três meses,
dependendo das condições climáticas do Atlântico, os navios
que vinham de Portugal lançavam ferros no Nordeste brasileiro
— em Pernambuco ou na Bahia — antes de seguirem para a
Capitania de São Vicente.

Uma vez ancorados na Baía de São Vicente, ou no Porto de
Santos, tendo atrás a Ilha de Santo Amaro e à frente uma extensa
porção de mangues, a subida da Serra do Mar se iniciava em
Cubatão e continuava através das trilhas ancestrais dos indígenas
tupiniquins, desembocando na região de Paranapiacaba.

Os tupis usavam trilhas que podiam ser percorridas a pé.
Peabiru era o nome desse emaranhado de caminhos que levavam
do litoral atlântico até o interior do sertão, alcançando a região do
Paraguai. Integrando o Peabiru, uma das principais vias de
acesso do planalto ao interior ligava a região de Piratininga às
margens do Rio Paraná, acompanhando o percurso do Rio Tietê
desde o ponto em que se encontra com o Tamanduateí.

O caminho mais seguro para o interior contornava o Pico do
Jaraguá, seguindo até a região de Barueri, e passando mesmo ao lado
da Cachoeira do Inferno, que os indígenas chamavam de Parnaíba.

Para chegar ao planalto, um dos muitos caminhos indígenas
que subiam a Serra do Mar, também utilizados pelos portugueses,
foi calçado com lajes de pedra, em fins do século XVIII, pelo
capitão-general que governava São Paulo, d. Bernardo José de
Lorena. A Calçada do Lorena, na época a melhor estrada das
Américas, está ainda em parte preservada e pode ser percorrida a
pé. Sai de Cubatão e chega até o Riacho Grande. Na época em que

a expedição de Martim Afonso de Souza chegou a São Vicente, entretanto, o principal caminho começava em Piaçaguera e terminava em Paranapiacaba.

Paranapiacaba, em língua tupi, significa "o lugar de onde se enxerga a grande água" (o Oceano Atlântico). De fato, dessas paragens desfruta-se de uma extensa vista, que em dias claros pode se estender de Peruíbe até as praias ao norte de Bertioga. Assim, vencidos o mangue e a serra, e terminada a subida, iniciam-se os campos de Piratininga, palavra tupi que indica "o lugar onde o peixe seca".

Devido à grande quantidade de caminhos de água, rios, ribeirões e riachos que correm em Piratininga, e à ocorrência de grandes chuvas no período do verão, eram constantes as enchentes às margens dos rios. Encerrada a estação das chuvas, as águas refluíam e formavam-se lagoas, onde o peixe ficava preso, sem poder voltar ao leito dos rios. Com a seca do período de inverno, as águas secavam e o peixe também secava, exposto ao sol. Daí o nome que os índios deram ao lugar.

O Planalto de Piratininga é dominado por três rios: o Tietê (também conhecido como Anhembi em alguns trechos), o Tamanduateí (originalmente chamado de Piratininga) e o Pinheiros. Formado por terrenos sedimentares, com muitas várzeas resultantes de numerosos cursos de água, o planalto principia ao terminarem os contrafortes da Serra do Mar, ao sul e a sudeste, e inclina-se na direção oeste.

Cortado pelo Trópico de Capricórnio, a altitude média do planalto é de 720 metros, chegando a 830 metros nos altos da Colina do Sumaré. Tendo ao sul as barrancas da Serra do Mar, ao norte é limitado pela Serra da Cantareira, cujo ponto culminante é o Pico do Jaraguá, com mais de mil metros de altura. A leste, o vale do Rio Tietê, cuja bacia vai até Mogi das Cruzes e praticamente confina com a bacia do Rio Paraíba. A oeste, o planalto se fecha e o Tietê abre uma passagem entre as serras da Cantareira e do Itaqui, no ponto onde hoje se encontra Barueri. E, logo adiante, Santana de Parnaíba, de onde o Tietê prossegue, serpenteando entre as serras de Voturuna e do Japi, e daí em diante seguindo caminho livre até a atual cidade de Porto Feliz.

O Tietê é o principal acidente geográfico do planalto, não só pela sua dimensão e quantidade de águas, mas também por correr na direção do interior e desaguar no Rio Paraná. O rio que não corre para o mar era, portanto, a principal via de penetração nos sertões dos domínios portugueses, nos séculos XVI e XVII. A hidrovia percorria suavemente o lado norte do planalto, ladeando a Cantareira, recebendo as águas do Pinheiros e contornando o Jaraguá.

Era nesse ponto que principiava o sertão e era também ali que o rio começava a ficar acidentado, notando-se algumas corredeiras, até chegar à de Parnaíba. Adiante, além das corredeiras, o rio percorre gargantas estreitas e logo em seguida torna-se navegável.

Por estas razões, a situação geográfica de Parnaíba tornava a região perfeita para o controle do tráfego, tanto fluvial quanto terrestre, que utilizava o Tietê como fio condutor. Controlar a região de Parnaíba significava dominar uma das principais vias de entrada ou de saída do planalto paulista.

Santana de Parnaíba começava a entrar na História do Brasil por ter sido o ponto final da primeira Entrada (*) dos portugueses no interior do país.

(*) *As Entradas eram expedições oficiais, organizadas e financiadas pelo reino, em busca de riquezas e de mão de obra indígena, enquanto as Bandeiras tinham as mesmas finalidades, mas saíam por iniciativa de particulares, com ou sem o incentivo das autoridades coloniais.*

NO TEMPO DAS ENTRADAS: acima, uma família escravizada

CAPÍTULO 2

OS PRIMEIROS DONOS

Os guaianases que viviam no planalto tinham como vizinhos distantes os carijós, estes fixados ao sul, na região litorânea da Serra de Paranapiacaba, entre Paranaguá e Cananeia. Tribo aguerrida, os carijós resistiram aos portugueses, atacando e dizimando várias expedições. Na zona costeira, entre Cananeia e Itanhaém, habitavam os tupis. Inicialmente pacíficos, acabaram se rebelando contra o colonizador.

Por volta de 1562, os tupis declararam guerra aos portugueses, chegando a avançar sobre a Vila de São Paulo, que foi defendida pelos guerreiros de Tibiriçá. A leste do planalto, na região das nascentes do Tietê, a terra pertencia aos muiramomis. E, ao norte, entre Ubatuba e o Rio de Janeiro, dominando a Serra do Mar e o litoral contíguo, viviam os tamoios, aliados dos franceses que também vinham ao Brasil para praticar o escambo. Os franceses, esquecidos na divisão do mundo, não davam nenhum valor ao Tratado de Tordesilhas. As tribos indígenas que se aliaram aos portugueses foram catequizadas, ou seja, iniciadas na religião católica pelos padres jesuítas. As nações que resistiram, declarando guerra ou se aliando aos franceses, foram dizimadas e tiveram seus sobreviventes escravizados. De acordo com a legislação portuguesa em vigor, o índio só podia ser escravizado se resistisse com violência à conquista portuguesa. Esta situação era chamada de "guerra justa".

Nas "guerras justas" que se seguiram, algumas tribos, como a dos tamoios, foram totalmente exterminadas. Outros povos, percebendo a maior força militar dos invasores, fugiram dos selvagens homens. Desaparecidos do Planalto de Piratininga, seus primitivos habitantes sobrevivem nos numerosos topônimos que marcam São Paulo: Anhembi ("o caminho de Anhã"), Anhangabaú ("o esconderijo de Anhangá"), Jaraguá ("o lugar onde se fala com os deuses"), Itu ("a pedra grande"), Boissucanga ("a cobra da cabeça grande"), Ubatuba ("o lugar das canoas"), Cururuquara ("o esconderijo do sapo roncador"), Voturuna ("a serra escura"), Sorocaba ("o rasgão", ou "a terra fendida") e tantos outros.

Embora a cultura indígena tenha se perdido quase que totalmente, alguma coisa restou nos costumes, nas comidas e na língua. Mas é nos nomes dos lugares que o índio melhor sobrevive. O conquistador europeu, desde o primeiro momento, precisava dessas referências geográficas. Não adiantava rebatizá-las segundo seus próprios caprichos e inclinações culturais, pois isso significaria perda de contato com as informações dos primeiros habitantes.

Os primeiros habitantes do continente descendem de populações asiáticas que, segundo estudos arqueológicos, teriam chegado 11 ou 12 mil anos atrás. Os indígenas brasileiros seriam originários de povos caçadores que aqui se instalaram, vindo da América do Norte, através do Istmo do Panamá. No entanto, existem novas evidências, encontradas nos estados do Piauí e na Bahia, de que a presença humana no Brasil pode ser anterior a esse período, mas os arqueólogos se dividem a esse respeito.

A quantidade de indígenas no tempo do Descobrimento também é duvidosa, com estimativas que variam de um milhão a dez milhões de indivíduos. Os estudiosos que admitem esta segunda hipótese acreditam que somente na Amazônia existiam 5,6 milhões no ano de 1500, enquanto linguistas admitem cerca de 1.300 idiomas ou dialetos diferentes falados pela grande quantidade de povos.

No território paulista, então parte da Capitania de São Vicente, o papel importante desempenhado pela tribo dos guaianases é salientado pelo historiador Diogo de Vasconcellos. Suas características tornaram esse povo benquisto tanto dos colonizadores quanto dos sacerdotes da Companhia de Jesus — o que significou um dos raros pontos de consenso entre esses dois grupos. Em sua *História Antiga das Minas Geraes,* Vasconcellos destaca:

"Dos índios, eram os guaianases que melhor índole mostravam em sociedade. Praticavam a monogamia, não eram antropófagos por hábito, cultivavam a terra, viviam em aldeias e mostram algumas noções de governo acima do comum".

AS BANDEIRAS DE BELMONTE:
desbravadores e moradores de uma vila

CAPÍTULO 3

A COLONIZAÇÃO DO PLANALTO

Os colonos que vieram na expedição de Martim Afonso de Souza, em janeiro de 1532, ocuparam inicialmente a região de São Vicente, onde construíram casas, igrejas e fortificações, criaram gado e aves, e iniciaram o plantio da cana-de-açúcar. E encontraram vários europeus, além do português João Ramalho. O porto era conhecido e já figurava nos mapas. Os espanhóis Diogo Garcia e Sebastião Caboto, por exemplo, estiveram em São Vicente anos antes do primeiro donatário.

Os portugueses logo se aventuraram pelo Anhembi-Tietê. É possível que João Ramalho, vivendo entre os índios como se fosse um deles, tivesse percorrido pelo menos o trecho mais facilmente navegável. No entanto, as primeiras notícias de travessia datam de 1526, ano em que o capitão Jorge Gedeão desceu o Anhembi até o Guairá. Em 1553, foi a vez de Ulrico Schmidl, vindo do Paraguai, caminhar ao longo do rio até São Vicente. Soldado alemão a serviço dos espanhóis, Schmidl voltou à Europa para receber uma herança.

Seguir o percurso do rio era a única rota segura naquelas terras desconhecidas. Passando pela região onde futuramente se fundaria

Santana de Parnaíba, o mercenário alemão atingiu o planalto, esteve na casa de João Ramalho e desceu a serra até São Vicente, onde permaneceu abrigado por amigos até poder embarcar. Chegou são e salvo à Europa, recebeu a herança e escreveu um livro sobre suas andanças americanas.

Como consequência da aventura de Ulrico Schmidl, o primeiro governador-geral do Brasil, Tomé de Souza, expediu uma ordem proibindo o trânsito por terra entre os domínios de Portugal e de Espanha. E tomou uma providência importante: como um dos companheiros de Ulrico, Antônio Rodrigues, fosse português, obrigou-o a subir o planalto, em companhia do padre jesuíta Manoel da Nóbrega, para ensinar o caminho que levava ao trecho navegável do Tietê. E assim foi feito. Em 1553, os dois exploraram o rio até a região de Itu, onde Nóbrega instalou a aldeia de Maniçoba, cuja localização permanece até hoje misteriosa. De volta a São Vicente, relataram a viagem ao governador-geral do Brasil. No ano seguinte, os jesuítas voltaram ao planalto para fundar o colégio que deu origem à cidade de São Paulo.

Dominar o planalto e suas vias de acesso era crucial para o governo da colônia. Em futuro muito próximo, a rota do Tietê seria a mais importante via de penetração no interior. A viagem do soldado Ulrico Schmidl demonstrara que o controle do trecho que vai de Parnaíba a Itu, margeando o Rio Tietê, era vital. Por isso, o tranquilo Planalto de Piratininga, com seu clima ameno, vegetação exuberante e abundância de águas, começou a se tornar um lugar movimentado.

São claras as razões políticas e militares para a ocupação de Piratininga e seus arredores, e uma delas foi o surgimento de conflitos entre os colonos e os jesuítas. Esse confronto se devia, principalmente, à divergência sobre a forma de controlar os indígenas. Os portugueses necessitavam dessa mão de obra, a única que se achava disponível, dado o pequeno contingente humano trazido da Europa. Já os padres da Companhia de Jesus não queriam somente os braços dos nativos. Pretendiam salvar suas almas. A conversão dos infiéis era um ponto de honra da estratégia expansionista, tanto a portuguesa quanto a espanhola.

Unindo o útil ao agradável num tempo em que quase tudo era politicamente correto, os colonos costumavam se casar com o maior número possível de índias. Estabelecidas as relações de parentesco, estava garantida a colaboração de todos nas tarefas ligadas à agricultura, à caça e à pesca. Em troca, os brancos, que possuíam armas melhores e conheciam mais as táticas de guerra, ajudavam a garantir a segurança das tribos, integrando-se a elas como guerreiros de elite.

Do ponto de vista dos jesuítas, que viam com horror a escravidão e aquela promiscuidade toda, os índios deviam ser catequizados. A proposta dos religiosos era recolher os indígenas em aldeias mantidas e dirigidas por missionários. Nessas missões ou reduções, os nativos receberiam educação católica e aprenderiam hábitos europeus.

Os dois grupos praticamente só concordavam numa coisa: era preciso manter aqueles povos sob algum tipo de controle e assimilar o conhecimento que possuíam sobre um território que mal começava a ser explorado.

Apoiados pelo governo colonial, os jesuítas passaram rapidamente à ação. Reuniram os indígenas na aldeia de Piratininga e depois os levaram para as vizinhanças do Colégio de São Paulo. A ocupação do planalto amenizou os primeiros conflitos da longa e histórica série de embates entre os colonos paulistas e os padres da Companhia de Jesus.

Por maiores que fossem os desentendimentos, havia uma ameaça maior: as revoltas indígenas, às vezes resultantes da rivalidade entre as tribos que aceitavam se submeter aos brancos e as que resistiam à catequese e à escravidão. Essa ameaça provocou um acordo entre as facções europeias. Tanto os colonos quanto os padres estavam empenhados na expansão para o oeste, visando ao

AS BANDEIRAS DE BELMONTE: desbravadores e moradores de uma vila

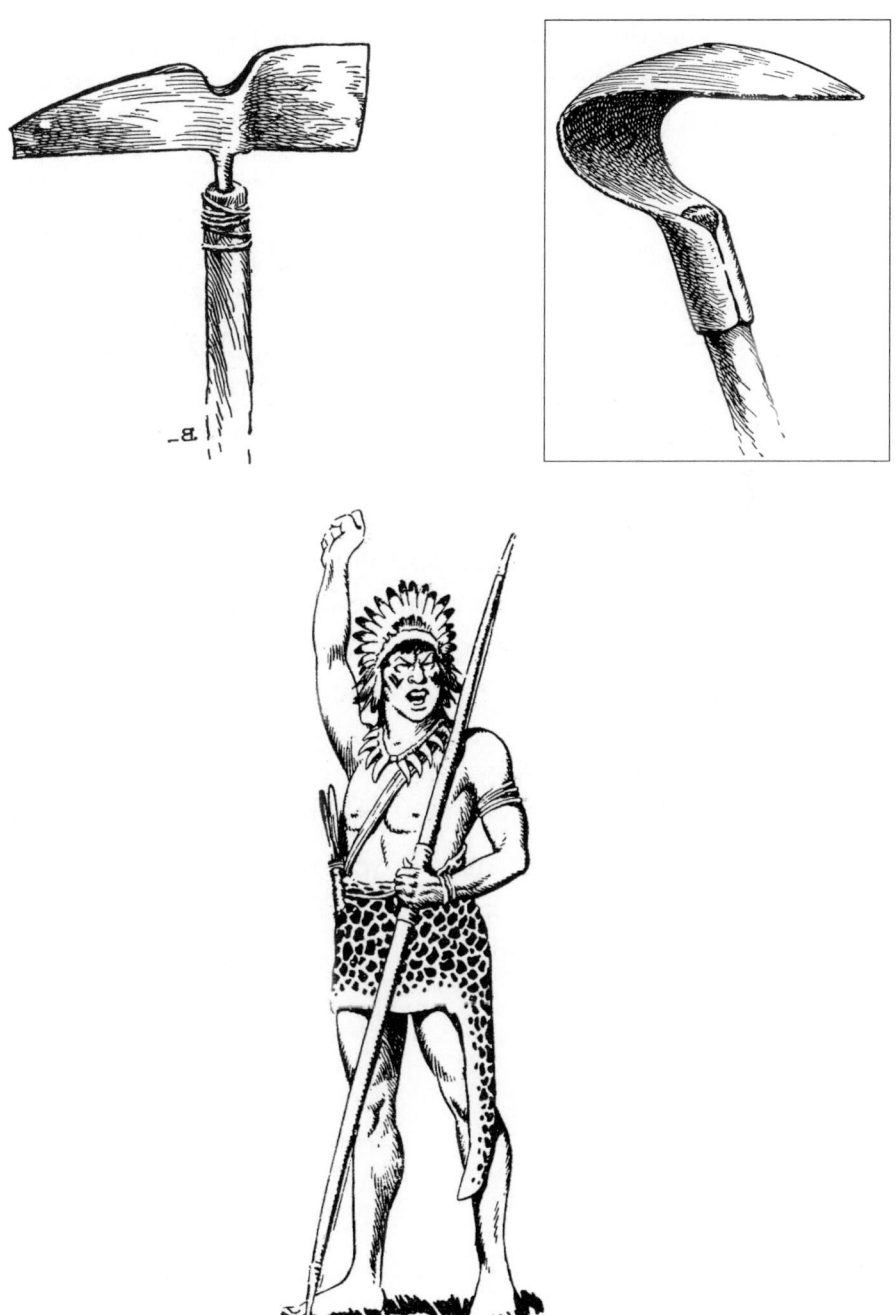

AS BANDEIRAS DE BELMONTE: o índio insubmisso e ferramentas de garimpo reproduzidos pela genialidade do ilustrador Belmonte (1896-1947)

controle das vias de acesso, especialmente os rios, e a posse das sonhadas riquezas vegetais e minerais que imaginavam escondidas no sertão. E estavam certos em suas suposições.

A relação entre o rei de Portugal e os donatários das capitanias era regida por dois documentos básicos — a Carta de Doação, que conferia a posse das terras; e a Carta de Foral, que enumerava os direitos e deveres do capitão-mor. Entre os direitos estava o de exercer plena autoridade administrativa e jurídica, que incluía autorizar a pena de morte. Os donatários podiam escravizar os indígenas e obrigá-los a trabalhar na lavoura. Em troca dos bons serviços que prestassem à Coroa portuguesa, recebiam a vigésima parte dos lucros auferidos com o comércio do pau-brasil.

Quanto às obrigações, entre outras, tinham que enviar para o rei a décima parte dos lucros que conseguiam em todos os produtos da terra e um quinto dos lucros sobre as pedras e metais preciosos que porventura encontrassem.

Não foi bom negócio para a maioria das capitanias. Somente duas, Pernambuco e São Vicente, obtiveram relativa prosperidade. Os demais donatários não foram bem-sucedidos por vários motivos, a começar pela falta de recursos e pela falta de braços para a lavoura.

CAPÍTULO 4

AS REVOLTAS INDÍGENAS

*P*assado o encanto inicial, cessado o fascínio pelas quinquilharias que os portugueses utilizavam nas trocas ou escambos, os indígenas perceberam que seu espaço físico estava sendo ocupado por levas contínuas de invasores vindos do mar. Mais do que isso, seu sistema social estava sendo desintegrado pela introdução de novos padrões que se expressavam em uma religião que lhes era imposta e uma estrutura política que diferia radicalmente dos seus valores ancestrais.

Desde que os primeiros capitães donatários chegaram ao Brasil, passaram a exigir do índio compromissos que colidiam frontalmente com a organização tribal. Paralelamente à catequese, iniciou-se o desmonte de sua cultura.

Algumas tribos optaram pela migração para lugares afastados. Outras partiram para a resistência armada. A mais importante de todas as revoltas do período foi a Guerra dos Tamoios, que não envolveu somente essa tribo, mas todas as outras que não aceitaram o jugo português. A grande rebelião teve o apoio dos franceses, que chegaram em grande número no ano de 1555, na expedição comandada pelo almirante Nicolau Durand de Villegaignon. Dois navios com centenas de homens fortemente armados aportaram na Baía de Guanabara. Era gente suficiente para iniciar uma colônia, a França Antártica.

O padre José de Anchieta tinha horror a eles:

"A vida dos franceses que estão neste Rio de Janeiro é não somente apartada da Igreja Católica, mas também feita selvagem. Vivem conforme os índios, comendo, bebendo, bailando e cantando com eles. Pintam-se com suas tintas pretas e vermelhas, adornando-se com as penas dos pássaros, andando nus ou só com calções e matando contrários, segundo os ritos dos mesmos índios, e tomando nomes novos como eles, de maneira que não lhes falta mais do que comer carne humana, que no mais sua vida é corruptíssima".

Foi a partir de 1557 que chegaram à Bahia e a São Vicente as notícias sobre a aliança entre franceses e tamoios e sobre os reforços que estavam chegando da França. O assunto interessava diretamente aos jesuítas: os colonos franceses eram protestantes calvinistas.

As cartas que os jesuítas, especialmente Anchieta, enviaram a Portugal, levaram o rei d. João III, em 1558, a despachar para o Brasil o terceiro governador-geral, Mem de Sá, com a missão de apoiar os jesuítas em seu trabalho de catequese e enfrentar com mão de ferro a invasão francesa no Rio de Janeiro.

As tropas de Mem de Sá expulsaram os franceses, mas os tamoios continuavam rebelados e os tupis também se revoltaram, ameaçando Piratininga e o litoral paulista. A tribo avançou sobre São Paulo em 1562, mas a cidade estava bem protegida. Os tupis bateram em retirada, porém as hostilidades prosseguiram. Os tamoios dominavam o litoral norte de São Paulo, concentrando-se entre São Sebastião e Ubatuba, na aldeia de Iperoig. O padre Manoel da Nóbrega organizou a primeira expedição contra os tamoios, com o apoio das tribos convertidas, dos mestiços e dos colonos. Após algumas vitórias militares, Nóbrega preparou a famosa conferência de paz que, para ser realizada, precisou de um refém, o próprio José de Anchieta. Celebrada a paz, teve início um período de prosperidade agrícola na Capitania de São Vicente. Além do açúcar produzido na baixada e do trigo que florescia no planalto, a colônia tinha suas riquezas minerais pouco a pouco reveladas.

No mesmo ano em que chegou ao Brasil, o primeiro governador-geral, Tomé de Souza (1549-1553), fundou a primeira cidade (Salvador), o primeiro bispado e o primeiro colégio, incentivou a agricultura e a pecuária e organizou expedições que saíam pelas matas à procura de riquezas.

Inventario que por morte e faleSim.to de Suzana Dias donna viuva que mandou fazer o Juis Joam Mendes Giraldo.

Anno do NaSim.to de NoSo S.or Jesu Cristo de mil e seis sentos e trinta e quatro annos, nesta villa de Santa Anna de Pernaiba, Capitania de São V.te, partes do Brazil etc., em os dezoito dias do mês de setembro do dito anno, nesta dita villa nas pouzadas do Capitão André Frz' digo Balthezar Frz', aonde o Juiz Ordinario desta villa João Mendes Giraldo veyo comigo t.am a fazer inventario dos beñs que ficarão por morte e faleSim.to de Suzana Dias donna viuva, defunta que D.s tem em sua presenSa e logo deu juram.to dos Santos Evangelhos a Balthezar Frz' como testamenteyro e erdeyro, e que juntam.e declaraSe todos os erdeyros que avyão e de como aSim o permeteu mandou a mi t.am fazer este termo, e mandou a mi t.am lanSaSe neste Inventario toda a F.da que declaraSem fiquar e de como aSim ho mandou fazer este auto e aSento em que ambos aSinarão e eu M.el de Alvarenga t.am e escrivão dos orfãos o escrevy.

João Mendes Gr.do

Balthesar Frz'

— 12 —

TESTAMENTO DE SUZANA DIAS DONNA VIUVA

Em nome da Santissima Trindade Padre Filho e Espirito Santo.

Saybam quantos este p.co estrum.to e sedula de testam.to virem como anno do NaSim.to de NoSo S.or Jesus Cristo, de mil seis Sentos e vinte e oyto annos, nas pouzadas de morada do Capitão André Frz', onde eu t.am fuy chamado e logo a mi foy dito por Suzana Dias donna viuva enferma em sua cama e por quanto não sabia o que D.s NoSo S.or podia della ordenar, fazia este testam.to p.r quanto estava em seu juizo perfeito, dispunha na forma seguinte: — Pera descargo de sua concienSia pedia ao Padre encomendaSe sua alma a D.s NoSo S.or que a criou e lhe pedia pela morte e payxão e mereSim.to de seu filho NoSo S.or Jesus Cristo tiveSe mesericordia de sua alma e lhe perdoaSe seus pecados e pella enterSeção da virgem SantiSima sua may e os bem aventurados apostolos Sam Pedro e Sam Paulo e a todos os Santos a quem pedia e rogava foSem seus enterSesores ante D.s NoSo S.or pera que alcanSasem os bens da gloria, e logo protestou q' hella cria bem e verdadeiram.te tudo aquillo que tem e era a Santa Madre Igreja de Roma e que morria como fiel e verdadeira cristan diSse hella testadora que foy cazada com M.el Frz' Ramos seu legitimo marido em face da Igreja, do coal teve dezesete filhos e por morte delle ficarão quinze vivos os quais todos serão erdeyros de seus beñs, salvo André Frz' e Balthezar Frz' seu Irmão que se lhe não satisfez suas legitimas; mando q' de minha fazenda como meus erdeyros lhe sejão pagos.

Declarou hela testadora que cazára segunda vez com Belchior da Costa de quem não teve filhos e que ho seu por nome D.na Frz' cazado com húa f.a de Belchior da Costa, ao qual se verá por húa escritura que se fez, lhe foy satisfeita a parte da sua legitima que lhe coube por morte de seu Pay.

A HERANÇA DE SUZANA DIAS: o inventário feito em 1634, no ano da morte da fundadora da Vila de Santana de Parnaíba, e o testamento que ela ditou em 1628, quando estava enferma

Seu sucessor, Duarte da Costa (1553-1558), não foi tão bem-
-sucedido. Durante sua administração, chegaram os invasores
franceses e surgiu o primeiro problema político da colônia, gerado pela briga entre um de seus filhos, Álvaro da Costa, e o bispo
Pero Sardinha, que, ao regressar a Portugal para relatar o mau
comportamento do filho da autoridade, naufragou no litoral de
Alagoas, sendo aprisionado e devorado pelos índios caetés.

As realizações mais importantes do terceiro governador-geral,
Mem de Sá (1558-1572), foram a fundação do Rio de Janeiro (segunda cidade brasileira) e a expulsão dos franceses, dois episódios
que tiveram a contribuição decisiva de seu sobrinho Estácio de Sá.
Foi também no período de Mem de Sá que os índios foram reuni-
dos nas missões ou reduções jesuíticas.

CAPÍTULO 5

O NOME PARNAÍBA

O lugar conhecido como Parnaíba ocupava situação estratégica, não só para a defesa de Piratininga, como para as incursões dos colonizadores nos territórios que o Tietê ia desvendando. Fundar um povoado naquele trecho era vital para os interesses lusitanos. A garganta de Parnaíba era um dos acessos ao planalto e a principal porta de entrada para o sertão. Mesmo depois de derrotarem os indígenas do litoral e da região mais alta, os portugueses temiam que as tribos insubmissas do interior avançassem sobre suas posições, como de fato tentaram no ano de 1590.

Sete anos depois da fundação de São Paulo, a vila que nasceu em torno do colégio jesuíta foi alvo, no ano de 1561, das tribos confederadas, fato que obrigou o governador Mem de Sá a mobilizar um contingente para punir os agressores. Esta expedição seguiu pelo Rio Tietê até Parnaíba.

Nos primeiros ataques às expedições que marchavam nas redondezas do planalto, uma força composta de tupiniquins e guaianases atacou e venceu uma coluna paulista nas redondezas da futura Vila de Mogi das Cruzes. Em seguida, os rebelados atacaram as fazendas ao longo do Rio Pinheiros, desde Barueri até Santo Amaro, obtendo o apoio dos indígenas da aldeia de Pinheiros. Com esse apoio, a rebelião tomou proporções surpreendentes, prosseguindo com características de guerra de guerrilhas.

O sertão era território disputado por portugueses e espanhóis, situação que só se agravava diante das imprecisões do Tratado de Tordesilhas. Paradoxalmente, a luta recrudesceu com a unificação de Portugal e de Espanha, em 1580. O novo desenho político do mundo ibérico parecia dar aos colonos, guerreiros e missionários castelhanos o direito de invadir as terras vizinhas. No entanto, esse "direito" não foi acatado pela administração portuguesa no Brasil. E não houve rebeldia nisso. O rei espanhol Felipe II, neto de d. Manuel, o Venturoso, concedeu relativa autonomia a Lisboa. Ou seja, mesmo sob o domínio espanhol, a vida no Brasil não sofreria maiores impactos.

Havia também a divergência entre os colonos — tanto portugueses quanto espanhóis — e os padres da Companhia de Jesus, de ambas as nacionalidades, e sua aspiração de controle da mão de obra indígena a partir das missões que se espalhavam pelo continente. Os jesuítas castelhanos eram mais numerosos e mais bem aparelhados.

As administrações coloniais ibéricas também divergiam sobre a forma de ocupação e manutenção dos novos territórios. Os espanhóis promoviam as expedições militares e, uma vez ocupado o terreno, deixavam missões religiosas tomando conta das fronteiras. Os administradores portugueses, por terem menos recursos, limitavam-se a incentivar as expedições armadas dos colonos. No entanto, em vez de apoiar a instalação de missionários, preferiam defender militarmente os pontos avançados.

Parnaíba, em tupi, pode ter vários significados, entre os quais "a quebra da grande água", "rio quebrado" ou, ainda, "rio de muitas ilhas". A proximidade de uma grande cachoeira, as ilhas fluviais que ali se formavam, e os muitos obstáculos apresentados pelo Tietê no trecho em que não era navegável, explicam o nome indígena do rincão próximo da reserva que os jesuítas criaram em torno do Colégio de São Paulo.

Este é o significado finalmente aceito e consagrado para a expressão indígena. Em seu livro pioneiro *Notas para a História de Parnahyba*, o padre Paulo Florêncio da Silveira Camargo enumera outras versões, apontando os respectivos autores e defensores.

Uma delas seria "perna feridenta". Este significado foi divulgado pelo padre João Gonçalves Lima, mas depois abandonado por se tratar da fusão de um vocábulo português, "perna", e de outro tupi, "aiva" ou "ayba". Se os índios já se referiam a "Parnaíba" antes da chegada dos brancos europeus, a hipótese é absurda.

Outra explicação foi dada pelo cônego Francisco de Salles Santo Fleury, vigário de Santana de Parnaíba em 1838, ao ser consultado por um historiador. A palavra seria, segundo esse sacerdote, derivada de "pará" (rio), "na" (grande) e "iba" (claro) — e neste caso teria o significado de "rio grande de águas claras".

O padre Camargo reproduz uma terceira versão, de João Mendes de Almeida, em seu *Diccionario Geographico de S. Paulo*, chamando a atenção para sua curiosa explicação:

"Não se trata de Paranahyba, nem com este nome há afluente algum do Rio Tietê (...) É corruptela de "Pan-n-eii-bo", ou "lugar de muitas ilhas". De "pan" (ilha), "n" (por ser nasal a palavra anterior), "eii" (muitas) e "bo" (breve, para exprimir lugar). Alusivo a uma cachoeira extensa e estrondosa, acima da vila no Rio Tietê, semeada de ilhotas cobertas de matas".

Após transcrever o verbete, o padre Camargo observa, com ironia:

"Não creio, porém, tenham feito os nossos maiores tal ginástica linguística tão somente para batizar uma localidade. Aceito a explicação do Dr. Teodoro Sampaio, por ser a mais natural, mais simples e significar a mesma coisa que a complicada exegese do Dr. Mendes de Almeida".

Padre Camargo defende, por fim, que a origem é uma corruptela do termo "parana-ahyba", comumente empregado como "parahyba", para designar os trechos de difícil navegação dos grandes rios. E lembra que o bandeirante Domingos Jorge Velho acabou batizando um grande rio e uma cidade do Piauí com o nome de Parnaíba, "em memória da gloriosa terrinha cá do sul".

CAPÍTULO 6

A CONFISSÃO
DE SUZANA DIAS

Com a fundação do colégio, em 1554, como já vimos, o chefe dos guaianases mudou-se para as imediações do atual Largo de São Bento, tornando-se vizinho e firme aliado dos padres que o converteram. Viveu oito anos ali, até sua morte, em 1562. Tibiriçá deixou prole numerosa e, entre as filhas que se casaram com portugueses, a mulher de João Ramalho, Bartira, adotou o nome cristão de Isabel. Outra filha, de nome Beatriz, casou-se com o português Lopo Dias, que chegou com a esquadra de Martim Afonso de Souza, tornando-se um dos homens importantes da capitania e dono de uma sesmaria nas imediações do atual município de Mogi das Cruzes. Era conhecido por sua devoção a Sant'Ana, padroeira dos mineradores.

Na Vila de São Paulo, Lopo Dias foi eleito para o cargo de almotacel, tendo como atribuições fiscalizar a aferição de pesos e medidas, conferir os preços de comestíveis e zelar pela higiene da população. Ocupou também as funções de vereador na Câmara de São Paulo.

Beatriz deu a Lopo Dias sete filhos e filhas. Em 1552, nasceu Suzana Dias, que teve a infância abalada pela saúde frágil, mas se tornou uma moça de temperamento forte. Aos doze anos de idade, muito doente, ela disse no confessionário que desejava morrer e gostaria de consagrar sua vida a Deus. Se sobrevivesse, faria voto de castidade. Seu confessor a convenceu de que escaparia da doença. E Suzana se restabeleceu. No futuro, um de seus filhos seria batizado pelo antigo conselheiro, padre José de Anchieta.

Por volta de 1570, a mestiça Suzana casou-se com Manuel Fernandes Ramos, que havia chegado ao Brasil em 1564. Homem poderoso, proprietário de terras, escrivão da Câmara e depois juiz da capitania, teve com ela dezessete filhos, entre os quais ganhariam fama três fundadores de cidades — Domingos (fundador de Itu), Baltazar (fundador de Sorocaba) e André Fernandes (supostamente o primogênito, que teve papel importante na fundação de Santana de Parnaíba).

Apesar dos vários cargos que exerceu na Vila de São Paulo de Piratininga, entre 1575 e 1589, Manuel Fernandes Ramos não foi mero funcionário administrativo da capitania. Destacou-se em lutas contra os tamoios, carijós e tupiniquins, e participou ainda da expedição do capitão-mor Jerônimo Leitão às terras de Paranaguá, na época das "Entradas no gentio sertão".

Como membro proeminente da sociedade colonial, Manuel Fernandes uniu-se aos demais "homens bons da Câmara e do governo da terra" que faziam parte das expedições, deixando mulher e filhos em local seguro. Homem bom, naquele tempo, era sinônimo de pessoa importante.

O enterro de Tibiriçá foi acompanhado pelos índios e portugueses que viviam em São Paulo, e registrado com emoção pelo padre Anchieta, em carta escrita em São Paulo no dia 16 de abril de 1563.

"Foi enterrado em nossa igreja com muita honra (...) Ficou toda a Capitania com grande sentimento de sua morte pela falta que

sentem (...) Mais que todos, cremos que lhe devemos nós, os da
Companhia de Jesus, e por isso determinou dar-lhe em conta não
só de benfeitor, mas ainda de fundador e conservador da Casa de
Piratininga e de nossas vidas".

LARGO DA MATRIZ: no alto, era o ponto central da vila

CAPÍTULO 7

A FUNDAÇÃO DE SANTANA DE PARNAÍBA

A cidade de Santana de Parnaíba surgiu numa fazenda situada a oito léguas de São Paulo, na margem esquerda do Tietê, próximo à Cachoeira do Inferno, ou de Parnaíba, "a quebra da grande água". Não existe documentação sobre a posse da sesmaria, mas tudo indica que as terras pertenciam a Manuel Fernandes.

O ano de 1580 foi marcado pela unificação de Espanha e Portugal, sob o cetro de Felipe II, e no Brasil, pela morte do pioneiro João Ramalho e por uma epidemia de disenteria que dizimou centenas de habitantes do planalto, provocando a retirada maciça de brancos e índios. Eles foram morar em lugares afastados da vila dos jesuítas, fundando povoações que se tornaram núcleos de bairros e cidades atuais — São Miguel, Pinheiros, Carapicuíba, Nossa Senhora da Escada de Barueri e outros lugares.

A família Dias Fernandes mudou-se para as terras que ficavam perto da grande cachoeira. O local exato é duvidoso. Alguns autores dizem que eles se estabeleceram na Ilha do Ferro (que desapareceu em 1900, com a chegada da usina da Light), enquanto outros indicam o monte que fica atrás da atual igreja matriz. O novo povoado teve, no início, a proteção de Santo Antônio, homenageado com a edificação de uma capela.

Mas a fundação de Santana de Parnaíba não teve relação direta com a epidemia, e sim com o fato de ter sido uma base para as futuras incursões territoriais, bem como posto avançado para repelir a entrada de aventureiros castelhanos que vinham pelo Rio da Prata, subindo o Paraná e, finalmente, acompanhavam o leito do Tietê.

Esta versão se fundamenta, em parte, na decisão do capitão-mor Jerônimo Leitão de nomear o meirinho Antônio de Proença e o escrivão João Maciel para fiscalizarem as Entradas para o sertão, só permitindo a passagem de pessoas autorizadas. Estava ainda bem viva na memória das autoridades a aventura do alemão Ulrico Schmidl.

A capela de Santo Antônio, bem rústica, foi esquecida com a construção de um segundo templo, o de Sant'Ana, erigido provavelmente no mesmo local da atual matriz. Para que esta segunda capela surgisse, Suzana Dias fez uma doação de duzentas braças, uma medida bastante imperfeita: a braça equivalia ao comprimento dos braços estendidos.

Com a morte de Manuel Fernandes, em 1589, a sesmaria coube por herança a seu filho André Fernandes, um menino de dez anos de idade ou pouco mais. Além do atual território ocupado por Santana de Parnaíba, compreendia terras que fariam parte atualmente dos municípios de Pirapora do Bom Jesus, Cabreúva, Itu, Araçariguama, São Roque e Sorocaba.

As frequentes ausências do dono da terra, sempre engajado em expedições, e sua morte ocorrida apenas nove anos depois da mudança da família, explicam o papel forte de Suzana Dias na consolidação do povoado e o fato de ela ser considerada por muitos autores a verdadeira fundadora de Santana de Parnaíba. Esses pesquisadores se baseiam numa decisão tomada em 1592 pelo capitão-mor Jorge Correia, confirmando que a sesmaria passara ao controle da viúva Suzana.

Quando Manuel morreu, André Fernandes, uma criança que teria nascido em 1578, ou pouco antes, tornou-se, no papel, a proprietária das terras. De fato, mesmo em caráter transitório, quem passou a mandar na fazenda foi a viúva Suzana Dias, que logo se casaria pela segunda vez, com outro escrivão, Belchior da Costa. Este, por sua vez, ampliou a sesmaria com uma nova doação requerida em 1610.

O primeiro documento comprovado sobre a cidade data de sua elevação a vila, no dia 14 de novembro de 1625, por provisão (decreto) do conde de Monsanto, numa época em que, de acordo o historiador Manuel Eufrázio de Azevedo Marques, Santana de Parnaíba chegou a rivalizar com a Vila de São Paulo, "pela importância de seus habitantes, que eram em grande parte homens ricos, pertencentes às mais distintas famílias da Capitania de São Vicente".

A provisão do conde de Monsanto foi antecedida pela decisão de Suzana Dias de doar a capela de Santana para a Vila de São Paulo, da qual fazia parte o povoado. Isso aconteceu em 1624. Sabendo-se que, naquela mesma ocasião, André fez outra doação de terras e animais para os mesmos destinatários, historiadores acreditam que as duas atitudes tivessem a intenção de conquistar Monsanto como aliado para transformar a fazenda e o povoado em vila.

E foi exatamente o que aconteceu no ano seguinte, para desgosto das autoridades e habitantes da vila quase vizinha (*).

Considerada a primeira grande mulher paulista, a importância de Suzana Dias na capitania era constantemente ressaltada em documentos. Um deles, de 6 de agosto de 1593, que trata da posse do almotacel Antônio Roiz, destaca que este era genro de Suzana. Foi uma

---

(*) *Houve protestos na Câmara de São Paulo. Em suas Notas para a História de Parnahyba, o padre Camargo ironiza: "... (os paulistas) não admitiam que se lhes desmembrasse o sertão. Um sertão tão pequeno, que ia tão somente até o coração da América do Sul!".*

CASA DE POUSO NA ÁGUA FRIA: desenhada pelo ituano Miguel Benício Dutra (1810-1875)

LARGO DA MATRIZ: cena de um piquenique dos alunos das Escolas Reunidas

CORTE E COSTURA: a formatura das alunas da escola de corte e costura de Santana de Parnaíba

PIRAPORA DO BOM JESUS: vista pelo francês Hercules Florence (1804-1879),
trazido ao Brasil por Langsdorff

das raras vezes que um escrivão (o mesmo Belchior que com ela se casaria mais tarde) daqueles tempos citou o nome de uma mulher.

Em outra ocasião, salvara a pele do primeiro marido, acusado em 1583 de exercer o ofício de ferreiro entre os indígenas. A acusação era da maior gravidade, pois os portugueses temiam que os índios, que já lhes causavam medo com seus apetrechos de madeira, aprendessem a usar armas de ferro. Somente um traidor faria este papel, mas Manuel foi isentado de culpa graças ao depoimento da neta de Tibiriçá.

Suzana Dias morreu em setembro de 1634, em Parnaíba, deixando escritos que comprovam sua religiosidade e a profunda devoção ao padre José de Anchieta.

"Sendo eu menina de poucos anos, e indo à Igreja desta Vila de São Paulo, ouvi muitas vezes dos padres Luís da Grã e Manuel da Nóbrega, outrora provinciais, que o Irmão José era santo e, contando alguns sonhos do Irmão, afirmavam que eram revelações e que eles a dissimulava dizendo que eram sonhos".

Em outro trecho, dá seu testemunho que seria usado no processo eclesiástico de beatificação do padre Anchieta:

"Sendo eu de 12 anos e estando enferma, desejei morrer, consagrando assim a Deus a minha virgindade, mas o Padre José, sem que a ninguém eu dissesse, me falou nesse assunto, que só podia saber através de uma revelação".

A população de Parnaíba foi aumentando, logo nos primeiros anos da fundação, porque a matriarca Suzana passou a distribuir terras a parentes e amigos que se dedicaram ao plantio de trigo, milho, algodão, feijão branco, cana-de-açúcar, uva, marmelo e legumes. E se mantinham alimentados graças às trocas de mercadorias. O sal vinha de Santos, trocado pelo açúcar ou por outros produtos.

Os inventários e testamentos, mais tarde examinados pelos pesquisadores, revelam que cada família possuía um tear. As mulheres dos pioneiros, suas filhas e escravas produziam as roupas de algodão usadas por todos os familiares. Os tecidos mais caros eram importados do reino e comprados em São Paulo ou em São Vicente.

E havia também música no lugarejo, graças a Manuel da Costa do Pino, que era filho do escrivão Belchior da Costa e da primeira mulher deste, Isabel Rodrigues, e portanto, enteado de Suzana Dias. Manuel do Pino aprendeu música, tornando-se o primeiro maestro da capela da vila, onde formou um coro e uma banda. Foi também o primeiro juiz da localidade, onde seu prestígio só era superado pelo de André Fernandes.

Em seu trabalho *Mulheres e Propriedade: Filhas, esposas e viúvas em Santana de Parnaíba no século XVIII*, Alida C. Metcalf esclarece que as mulheres de Parnaíba possuíam e administravam propriedades nos séculos XVII e XVIII, não só por motivos econômicos, decorrentes do ciclo de desenvolvimento particular à região de São Paulo, como também em função da tradição jurídica portuguesa.

No século XVII, quando Parnaíba era zona de fronteira, elas exerciam bastante influência sobre a propriedade, devido aos longos períodos em que os homens precisavam se ausentar. Com o tempo, os períodos de permanência de seus maridos, irmãos, pais e filhos em casa foram diminuindo, pois as bandeiras iam cada vez mais longe e passavam anos a fio nas regiões auríferas de Mato Grosso e Goiás. Os sítios e fazendas ficavam por conta das mulheres.

O comportamento enraizou-se, enquadrando-se nas ordenações espanholas e portuguesas. De acordo com o código jurídico filipino — que vigorou durante os sessenta anos de domínio espanhol — a mulher tinha direitos legais à propriedade. Tais direitos foram adotados no Brasil, concedendo ainda às mulheres direitos à propriedade no casamento e às partes que lhe cabiam na herança dos pais. Curiosamente, esses direitos foram respeitados ainda com mais rigor no século XVIII do que no século XVII.

De acordo com a lei portuguesa, a mulher possuía a metade dos bens do casal, independentemente de qualquer cláusula ou legado no testamento do marido.

As leis em vigor, portanto, também explicam o papel importante de Suzana Dias, que é considerada a primeira matriarca paulista.

CAPÍTULO 8

ANDRÉ FERNANDES

As bandeiras surgiram ainda no século XVI, lideradas por brasileiros nascidos nas vilas de São Paulo e Santana de Parnaíba. Um dos bandeirantes mais destacados foi André Fernandes, que em 1619, depois do pai e do padrasto, ampliou ainda mais sua sesmaria, em recompensa pelas incursões que liderou.

Entre 1613 e 1615, André Fernandes esteve no sertão de Goiás, explorando as margens do Paraupava, afluente do Rio Maranhão. Percorreu as cercanias do Paraupava como chefe de bandeira, acompanhado por seus irmãos Baltazar e Gaspar. Em 1623, com a patente de capitão de infantaria da Ordenança de São Paulo, André recebeu a missão de escoltar a senhora Vitória de Sá até a cidade de Assunção, onde se encontraria com o marido, d. Luís de Céspedes y Xeriá, governador do Paraguai. Em 1624, de volta a São Paulo, participou da reunião em que os paulistas decidiram não entregar, a um emissário do governador nomeado pela Espanha, a pólvora que possuíam para defender o povoado.

Em 1628, André Fernandes participou dos ataques paulistas contra as reduções jesuíticas do Guairá, no sul da colônia. Esta expedição foi liderada pelo português Antônio Raposo Tavares, secundado por Manuel Preto. Organizada em quatro companhias, cada qual portando uma bandeira e liderada por capitães das principais localidades rurais de São Paulo e de Santana de Parnaíba.

O filho de Suzana Dias envolveu-se nessas lutas até 1632. Em 1637, ele era um dos principais chefes da bandeira de Francisco Bueno, que se dirigiu ao Rio Grande do Sul. Com a morte do comandante, a expedição se dividiu: uma parte ficou sob o comando de Jerônimo Bueno, irmão de Francisco, e atacou as reduções do Ijuí; a outra, sob o comando de André Fernandes, concentrou-se no centro, na região do Tape. Esta coluna atacou a missão jesuítica de Santa Teresa na antevéspera do Natal de 1637.

Mais de 800 famílias de índios guaranis catequizados por missionários espanhóis resistiram enquanto puderam até abandonar suas casas e fugir para o outro lado do Rio Uruguai. André Fernandes achou que o local era um bom ponto de concentração para apoio das forças paulistas que atacavam o Tape e fundou uma aldeia tupi sob a direção espiritual de seu próprio filho, o padre Jorge Fernandes.

As campanhas no sul duraram três anos e terminaram com grandes reveses para os paulistas. Abandonado por suas tropas indígenas, André Fernandes, gravemente ferido, voltou a Parnaíba acompanhado apenas pelo padre Jorge. Em 29 de setembro de 1641, fez seu testamento, declarando a idade de sessenta e três anos. Os bens seriam distribuídos entre os filhos — os padres Francisco Fernandes de Oliveira (único que considerou legítimo) e Jorge Fernandes, e ainda Catarina Dias, Margarida Fernandes e Maria Fernandes.

No entanto, ele só viria a morrer sete anos depois de lavrar o testamento. Restabelecido, fez uma doação de terras à Ordem de São Bento, em 1643, para que os beneditinos instalassem um mosteiro em Parnaíba. Aos setenta anos, em 1648, ainda comandou uma das divisões da bandeira de Raposo Tavares em busca de uma lendária mina de prata que acreditavam existir na Serra de Sabarabuçu, em Mato Grosso. Foi sua batalha final. Apenas dois paulistas sobreviveram ao ataque à missão jesuítica do Itatim.

A notícia oficial sobre a morte de André Fernandes consta de um documento conservado pelo Arquivo Histórico Ultramarino, em Lisboa. A papelada informa que ele nem chegou perto da suposta mina:

> "André Fernandes, da Parnaíba, não foi a Sabarabuçu, antes mui desviado a outro sertão a buscar somente gentio donde ele acabou, e a mais gente da sua companhia, e deles chegaram milagrosamente dois homens que escaparam e deram novas do destroço sucesso e a mesma presunção de antes havia da Serra de Sabarabuçu ter prata, conforme instruções antigas".

As riquezas da Serra do Sabarabuçu de fato existiram, mas só foram descobertas na segunda metade do século XVII.

Além dos filhos bandeirantes e criadores de cidades, Suzana Dias, que morreu em 1634, teve familiares que participaram ativamente no desenvolvimento da vila. Sua filha Custódia Dias casou-se com Geraldo Betting, um alemão de Wuttemberg que estava no Brasil desde as invasões holandesas e que acabou aqui se fixando. Foi Geraldo quem iniciou a mineração em Parnaíba.

Outro parnaibano ilustre foi Francisco Fernandes de Oliveira, filho de André, de quem se sabe a primeira história nos tempos de rapaz, por ocasião da viagem em que o pai conduziu a mulher do governador do Paraguai a Assunção. Francisco o acompanhou naquela ocasião e ficou no Paraguai, onde preparou-se para a ordenação sacerdotal. De volta à terra natal, foi recebido com alegria por ser o primeiro padre parnaibano.

Curiosamente, não havia bispo no sul do país. A Bahia tinha bispado, mas sofria a invasão holandesa, o que impedia as viagens até lá. Por esse motivo, as ordens sacras tinham de ser recebidas no bispado do Paraguai. Isso aconteceu não apenas com o padre Francisco, mas também com o padre Gaspar de Brito Filho, um dos primeiros vigários locais.

Na época de sua autonomia administrativa, Parnaíba era uma vila como tantas outras, vivendo da lavoura — trigo, milho, algodão, feijão, cana-de-açúcar e frutas. O açúcar era usado no escambo, sendo trocado pelo sal que vinha do litoral. As famílias mais ricas produziam açúcar e aguardente, vendidos no mercado regional. Nas fazendas menores se cultivava também o algodão.

As famílias faziam suas próprias roupas. Raramente compravam tecidos dos importadores de São Paulo. À noite, as ruas eram iluminadas a óleo ou sebo. Era comum enfrentar a escuridão acendendo fogueiras, que tinham a vantagem extra de aquecer nas noites frias. As casas das pessoas mais pobres eram cobertas de folhas, enquanto os ricos já utilizavam telhas de barro, que eram fabricadas nos fornos da vila.

O primeiro corpo administrativo foi composto de juízes de fora, dois juízes ordinários, um juiz de órfãos representando a Câmara, três vereadores, um procurador, um escrivão, um almotacel e um alcaide. O primeiro juiz nomeado foi Manoel da Costa do Pino, que era também o maestro da capela. Luiz Ianes foi o primeiro escrivão e tabelião. Domingos Fernandes, irmão de André, ocupou as funções de avaliador.

A vila chegou a ser dividida em quatro igrejas durante o período colonial. A paróquia de Sant'Ana ficava no centro, onde morava um pequeno núcleo de artesãos. Fora desse centro, Parnaíba tinha características rurais, pois a maioria da população morava em sítios.

Os beneditinos chegaram a Parnaíba em 1642, com a visita de frei Francisco de Santa Magdalena, do Mosteiro de São Bento, em

São Paulo. Procurador da ordem religiosa, encontrou-se com André Fernandes — na época, recuperando-se da doença que quase o matou — para tratar da instalação do convento local.

A visita foi produtiva: André lavrou a escritura de doação de um terreno, com 300 braças de terra em quadra e meia légua de sertão, e imediatamente vários monges vindos de São Paulo começaram a construção do mosteiro. Os bens e mobiliário foram doados também por André Fernandes. A Ordem de São Bento se comprometeu a manter dois religiosos no mosteiro.

Os monges que viveram no mosteiro de Nossa Senhora do Desterro eram considerados ótimos escultores de imagens sacras. Alguns estudiosos afirmam que a imagem de Nossa Senhora da Conceição Aparecida, que se encontra hoje na Basílica da Padroeira do Brasil, teria sido esculpida por frei Agostinho de Jesus, do mosteiro de Parnaíba.

ANTES DE 1900: uma relíquia, a foto sem data da atual Rua Suzana Dias. À esquerda, o Cristo menino entre a avó Sant'Ana e a Virgem Maria

CAPÍTULO 9

A FEBRE DO OURO

Em sua *História das Minas de São Paulo*, Francisco de Assis Carvalho Franco confirma que o descobrimento das minas de Parnaíba atraiu para o local muitos povoadores. Em requerimento ao capitão-mor Gonçalo Correia de Sá, André Fernandes pediu e obteve uma nova sesmaria, justificando que, quando procuravam minas em Ibitiruna, ele e seu tio Belchior Dias Carneiro encontraram ouro na cabeceira de uma terra que fora doada ao tio em 26 de setembro de 1619.

Na mesma data e pelo mesmo motivo, foram concedidas sesmarias a seu irmão Baltazar Fernandes, no Porto das Canoas. Depois, Baltazar levou para a Vila de Parnaíba um forno para fundição de ferro, que, de acordo com documento de 1645, foi sequestrado judicialmente e entregue a outro pioneiro, Francisco Jorge.

E foi também na mesma data que Clemente Álvares, um dos maiores bandeirantes mineradores dos primórdios do século XVII, obteve duas sesmarias — uma delas junto às minas de Ibitiruna e outra no Jaraguá-Mirim, perto das minas de Santa Fé. Sobre esta mineração do Jaraguá, o historiador Affonso Taunay

ARTE SACRA: a pia batismal, o andor de Sant'Ana (à direita) e o Espírito Santo. As três peças são do século XVII

conta que um funcionário da capitania avaliou como sendo de ouro finíssimo as amostras trazidas por Clemente.

Outro garimpeiro, Geraldo Correia Sardinha, descobriu ouro no Ribeirão de Maquirobu, em 1612. Em 1639, essas minas já estavam abandonadas e constituíam terras devolutas. Foram, então, doadas em sesmaria pelo capitão-mor Antônio Aguiar Barriga aos cidadãos João Nogueira de Pazes, Gonçalo Mendes Peres e Baltazar Correia.

A decadência da economia açucareira propiciou o incremento das expedições que buscavam riquezas minerais. Na segunda metade do século XVII, Portugal enfrentou uma grave crise econômica decorrente da restauração de sua monarquia e, ainda, das exigências holandesas de indenizações de guerra (em especial, o abandono de engenhos de cana-de-açúcar no Nordeste brasileiro). Outro motivo forte era a concorrência do

açúcar das Antilhas, que chegava ao mercado europeu a um custo menor do que o produzido no Brasil.

O declínio da economia açucareira e o restabelecimento do tráfico negreiro entre a África e a América diminuíram a importância da mão de obra indígena. Todos esses fatores influíram na direção das expedições paulistas, e uma nova geração de bandeirantes, com novos objetivos, entrou em ação.

Na primeira metade do século XVII, os paulistas (ou paulistanos) e parnaibanos penetraram na direção oeste. Antônio Castanho da Silva foi até o Peru, onde morreu em 1622. Antônio Raposo Tavares, entre 1648 e 1652, percorreu caminhos ignorados até o Paraguai e a Bolívia, possivelmente atingindo os contrafortes dos Andes e a Bacia Amazônica, indo até Belém.

Na segunda metade do século, os bandeirantes paulistas enveredaram pelos sertões mineiro, goiano e mato-grossense. E foi aí, então, que as coisas começaram a melhorar.

CAPÍTULO 10

QUEM DESCOBRIU PRIMEIRO?

A primeira mina de ouro explorada no Brasil ficava no Pico do Jaraguá, diz o historiador Pedro Taques de Almeida Paes Leme, que viveu no século XVIII e aponta Afonso Sardinha, o Moço, como o "primeiro descobridor das minas de ouro, prata, ferro e aço" no Brasil, no ano de 1589.

Não existe, porém, consenso entre os historiadores sobre a data, o local e autoria da primeira descoberta de uma jazida aurífera de real importância na zona das Minas Gerais. É bem possível que várias descobertas tenham ocorrido quase simultaneamente, e as diversas notícias enviadas para Salvador, São Paulo e Rio de Janeiro acabassem provocando a confusão até hoje reinante.

Alguns acreditam que as primeiras descobertas cabem ao paulistano Manuel de Borba Gato, quando percorreu a região do Rio das Velhas em companhia de seu sogro, Fernão Dias Pais, por volta de 1678.

Uma carta-régia datada de 19 de novembro de 1697 assegura que Garcia Rodrigues Pais, filho de Fernão Dias, foi o primeiro descobridor, tendo encontrado ouro de lavagem nos ribeiros que correm nas fraldas da Serra de Sabarabuçu, no ano de 1686.

O jesuíta André João Antonil, autor do clássico *Cultura e Opulência do Brasil*, atribuiu as primeiras descobertas a um mulato anônimo, que teria sido mineiro em Paranaguá, e que depois foi para o Serro do Tripuí, encontrando ouro no Ribeirão do Ouro Preto, em data indeterminada.

O geógrafo Orville Derby, baseado em um velho roteiro, cita o padre João de Faria Fialho, Antônio Gonçalves Viana, Pedro de Avos e Manuel de Borba Gato como membros de uma mesma bandeira que percorreu a zona dos rios Grande, Sapucaí e das Mortes.

O fato é que, em 1693, uma expedição saiu de São Paulo e penetrou nas Minas Gerais, liderada por Antônio Rodrigues de Arzão. E teve sucesso: descobriu ouro naquele mesmo ano, quando percorria o Rio da Casca.

A expedição de Arzão teve sua consagração quando foi sublinhada por Cláudio Manuel da Costa, em seu poema *Vila Rica*, escrito em 1773. Segundo o poeta e inconfidente, o cabo de uma bandeira escravagista, Antônio Rodrigues de Arzão, encontrou ouro em 1693, na Casa da Casca, e levou as amostras colhidas ao Espírito Santo, apresentando-as ao Capitão-mor que a governava.

Arzão passou o roteiro de sua descoberta ao concunhado Bartolomeu Bueno de Siqueira, que chegou às Gerais em 1694, e se demorou em pesquisas na Serra de Itaverava, encontrando ouro no ano seguinte. Algumas oitavas do metal foram enviadas a Taubaté como amostra, confiadas por Arzão a Manuel Garcia Velho, membro da bandeira chefiada pelo coronel Salvador Fernandes Furtado de Mendonça.

Estava aberta a corrida ao ouro das Minas Gerais. Embora nenhum habitante da Vila de Parnaíba possa ser diretamente relacionado com essas descobertas, o que de fato se verifica é que, cem anos depois, se concretizava o sonho de André Fernandes e dos

bandeirantes saídos de Parnaíba: havia sido encontrado e demarcado o caminho para o Sabarabuçu.

Depois das primeiras descobertas, seguiu-se uma grande série
de achados de veios auríferos de importância. Não mais o escasso
ouro de aluvião que havia sido encontrado em diversos pontos do
Brasil, já a partir do século XVI. Foi descoberto ouro em Sabará,
no Ribeirão do Carmo, em Tripuí, em Itaverava, em Cataguases,
em Caeté e no Rio das Mortes.

Não eram minas de produção modesta, como as do Jaraguá ou
as de Voturuna. Desta vez tratava-se de um autêntico eldorado:
uma quantidade de metal precioso capaz de rivalizar, talvez até
suplantar, as riquezas que os espanhóis tinham saqueado no
México e no Peru, ou extraído no Cerro da Prata, em Potosí, na
Bolívia. Era impressionante a quantidade de metal precioso
extraído das Gerais na primeira metade do século XVIII.

Bartolomeu Bueno da Silva, o Anhanguera (diabo velho) – 1676

CAPÍTULO II

COMO ERAM
AS BANDEIRAS

Os bandeirantes andavam descalços, bem armados e sempre tinham como chefe um sertanista branco ou mestiço de larga experiência, que muitas vezes era o empresário, o financiador da expedição. Da tropa faziam parte seus escravos, agregados e parentes, a começar pelos próprios filhos, que se engajavam com treze ou catorze anos de idade. A Bandeira era um negócio familiar. Quando os futuros bandeirantes se casavam, ganhavam de presente as armas e os escravos de que necessitariam para a empreitada. Seguiam também mulheres que, por andarem sempre cobertas por panos escuros, eram conhecidas como "tapadas". A maioria mal falava o português.

Os índios faziam o papel da infantaria. Andavam nus ou vestidos com trapos e caminhavam na frente como guias e batedores. Por serem bons caçadores e cozinheiros, eram responsáveis também pela alimentação do grupo. As escravas indígenas ajudavam nas tarefas domésticas e na roça. Como não era possível transportar grande quantidade de alimentos na bagagem, alguns índios tomavam a dianteira para abrir roças ao longo do trajeto. Dessa forma, era comum que a chegada das bandeiras a determinados pontos coincidisse com a colheita de frutos silvestres.

A alimentação variava conforme a etnia. Os índios comiam, basicamente, uma pasta mofada de mandioca brava (farinha de guerra) misturada com carne de macaco. Era uma ração que resistia muitos meses ao sol e à chuva. Os demais membros da expedição tinham refeições melhores, à base de feijão, milho e toucinho, além de carne de caça, peixe, mel e frutas.

Quando não havia outro tipo de alimentação, os bandeirantes devoravam o que encontrassem pela frente, até mesmo sapos e cobras. Houve casos de mortandade em bandeiras, como a de Bartolomeu Bueno da Silva, que perdeu quarenta homens, vítimas de inanição, em Goiás.

O armamento básico se compunha de arcos e flechas, além de armas brancas. Os líderes da expedição, brancos e mestiços mais próximos usavam espingardas, mosquetões e outras armas de fogo. Para se proteger de flechadas, os sertanistas vestiam couro de anta e cobriam a cabeça com chapéus de peles.

A caçada ao índio para fazer o trabalho escravo deu origem às primeiras bandeiras, sendo por isso chamadas de bandeiras de apresamento. As expedições que desciam e subiam os rios de São Paulo e Mato Grosso ficaram conhecidas como monções. Os ataques às missões religiosas não aconteciam apenas porque os jesuítas, sobretudo os espanhóis, eram encarados pelos paulistas como inimigos da metrópole portuguesa. A razão principal era outra: não havia forma mais fácil de capturar milhares de indígenas num só lugar. Essas incursões fizeram das bandeiras de apresamento uma atividade lucrativa.

Surgiram depois as bandeiras de prospecção. Ao contrário das primeiras expedições ou monções, elas não exigiam um contingente numeroso de homens. Tinham, em geral, de quinze a vinte integrantes que se embrenhavam nos sertões e exploravam os rios em busca de metais e pedras preciosas. Muitas permaneciam durante longos anos no interior do Brasil. Foi o caso, por exemplo, da bandeira comandada por Fernão Dias, o Caçador de Esmeraldas, que caminhou sete anos e só encontrou turmalinas.

As bandeiras de contrato, semelhantes às de apresamento, foram mobilizadas quando já havia a certeza de que o ouro de lavagem era raro e que minas de prata talvez não existissem. Mais que tudo, elas saíram país afora na época em que os indígenas não eram mais capturados como escravos, pois o braço da lavoura agora tinha origem africana. Os senhores da terra, pecuaristas ou donos de engenhos nordestinos, e ainda as autoridades coloniais, contratavam esses sertanistas mercenários para acabar com os quilombos negros ou sufocar a resistência de tribos nativas à chegada do "progresso".

ALUNOS E PROFESSORES: no auge da decadência, a vila foi se esvaziando. Quando as crianças cresciam, iam completar os estudos e trabalhar em São Paulo

CAPÍTULO 12

PAULISTANOS E PARNAIBANOS

A rivalidade entre as vilas de São Paulo e de Santana de Parnaíba de fato existiu, mas nunca alcançou dimensões maiores. O protesto feito pela Câmara da Vila de São Paulo quando o povoado vizinho ganhou o mesmo *status* de vila não passou de reclamação sem relevo ou consequências posteriores. Isso ficou claro com a total colaboração e integração entre paulistas e parnaibanos na organização das bandeiras.

Divergências que não significavam oposição real, mas apenas diferença de pontos de vista, foram notadas, por exemplo, em relação ao Caminho do Mar, a estrada de terra que levava das bordas do planalto a Cubatão. A posição dos parnaibanos era francamente contrária ao gasto excessivo para a manutenção deste caminho pelo simples fato de que os habitantes da Vila de Santana de Parnaíba não costumavam usá-lo, dando prioridade às trilhas que levavam ao sertão, cuja manutenção lhes cabia. Por isso, sistematicamente negavam auxílio à Câmara da Vila de São Paulo, às vezes sugerindo com ironia que os paulistas pedissem recursos aos jesuítas de Cubatão.

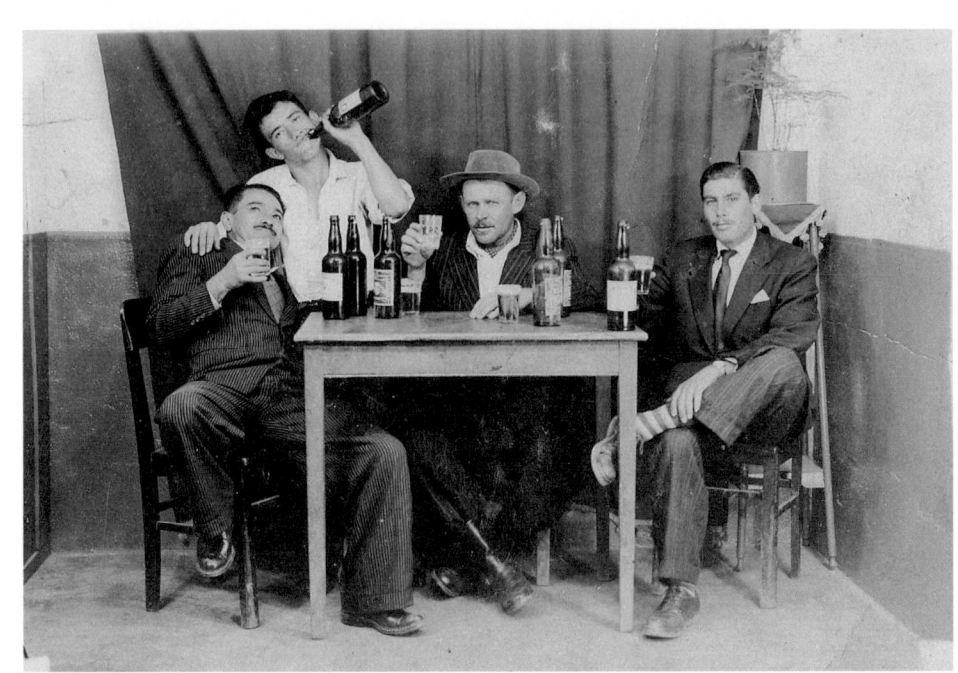

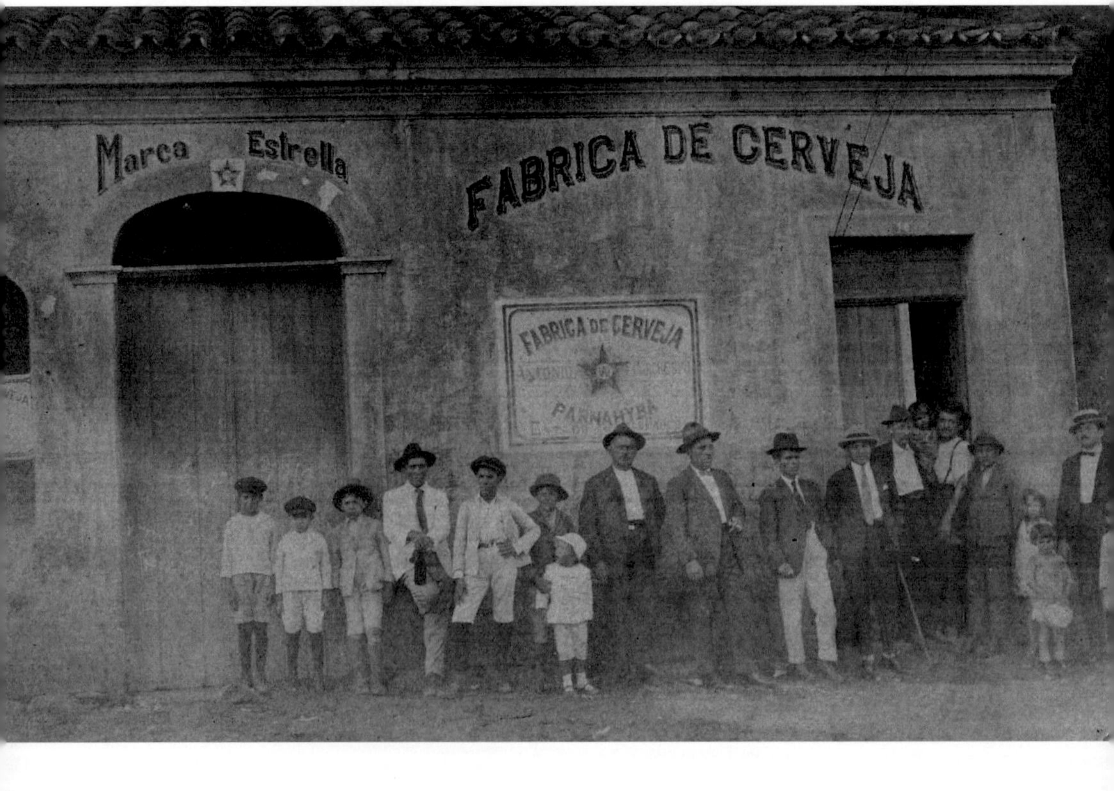
Marca Estrella
FABRICA DE CERVEJA
FABRICA DE CERVEJA

CERVEJARIA ESTRELLA: Vitório Marchesini, filho do proprietário Antônio Marchesini, com Arthur de Oliveira e mais dois amigos, fingindo que estão bêbados (no alto, à esquerda), e mais duas fotos antigas de uma das poucas empresas que conseguiram se manter nos tempos difíceis

Na opinião dos vereadores da Câmara de Parnaíba, eram os jesuítas da fazenda de Cubatão que mais lucravam com esse caminho, mediante a cobrança de portagens na passagem do Rio Cubatão ou a cobrança de aluguel dos serviços de índios catequizados ou de negros escravos para carregarem as mercadorias, serra acima ou serra abaixo, em viagens perigosas por causa dos frequentes desmoronamentos que precipitavam homens e cargas nos abismos.

POLÍTICA ONTEM E
ANTEONTEM: foto tirada em
frente ao Matadouro da cidade,
após uma reunião política;
desfile no dia da visita de Laudo
Natel, em 1968; provavelmente
antes da revolução de 1930,
o padre e a tropa em frente à
matriz de Pirapora

O BRAVO TENENTE MARQUES: a farda do militar que ocupou a Intendência Municipal no início do século XX e imagens de reuniões com a família e, abaixo, com os amigos. O tenente Marques, muito querido na cidade, foi uma pedra no sapato da Light and Power

Outro pomo da discórdia entre as vilas de Parnaíba e de São Paulo era a Aldeia de Barueri, disputada por ambas. O marco colocado pelo ouvidor para resolver a questão, em fins de 1640, em terras de José Fernandes Saavedra, teve de ser alterado para fazer Barueri retornar a São Paulo.

Num ponto concordavam. Tanto os paulistas (só mais tarde identificados como "paulistanos") quanto os parnaibanos se opunham fortemente aos jesuítas, que seriam expulsos da capitania em 1640, com o fim do domínio espanhol.

Santana de Parnaíba foi sempre um foco de oposição permanente à Companhia de Jesus, inclusive fornecendo contingentes para a destruição das missões do sul. Esse antagonismo antecipou em cem anos as razões de estado que levaram o Marquês de Pombal a declarar os jesuítas inimigos de Portugal e expulsá-los de todos os seus territórios, inclusive o Brasil.

A expulsão dos jesuítas teve como gota-d'água a tentativa de aclamação de um rei nascido no Brasil. Paulistas e parnaibanos também nisso concordaram: por trás do movimento em favor da entronização de um homem do povo como monarca estaria a pretensão dos padres da Companhia de Jesus de criar um estado paulista para depois anexá-lo às possessões espanholas. Só que o golpe, se é que houve mesmo essa intenção, falhou.

E falhou porque o escolhido teve o bom-senso de recusar a coroa e a sabedoria de não se tornar uma marionete dos espanhóis.

CAPÍTULO 13

O MELHOR
AMIGO DO REI

Em 1640, após seis décadas sob o jugo espanhol, Portugal libertou-se e restaurou sua monarquia, entregando a coroa ao duque de Bragança, d. João IV. A notícia só chegou a São Paulo no ano seguinte, e muitos dos 2 mil habitantes brancos da vila do planalto passaram a temer que a nova ordem significasse o fim da relativa liberdade que gozavam. Liderado por integrantes da comunidade espanhola, um grande grupo de pessoas resolveu aclamar Amador Bueno como o novo rei. Isso aconteceu no dia 1º de abril de 1641.

Rico proprietário de terras e escravaria, além de participante de bandeiras, o homem recusou o trono. Apesar de ter sangue espanhol pelo lado paterno, Amador Bueno era fiel a Portugal. Ele havia ocupado vários cargos na administração da província, tornando-se, inclusive, presidente da Câmara. Na juventude, lutara em Salvador para repelir as invasões holandesas de 1624 e 1625.

Aos gritos de "Viva Amador Bueno, nosso rei!", que ecoaram na vila, respondeu com outro brado: "Viva d. João IV, nosso rei e senhor, pelo qual darei a vida!". Sua negativa irritou o povo, que o perseguiu até o Mosteiro de São Bento, onde o sensato Amador se refugiou sob ameaças de morte. Os mais exaltados queriam arrombar a porta, mas foram contidos pelos religiosos.

O episódio foi determinante para a expulsão dos jesuítas da capitania. O ano de 1641 foi marcado ainda pelo início dos vinte anos de guerra entre as famílias Pires, de origem portuguesa; e Camargo, de sangue castelhano, com o assassinato do chefe do clã dos Pires, Pedro Taques, na porta da igreja matriz. O conflito gerado pela vontade dos dois grupos de controlarem a política local resultou em mais de uma centena de mortes e só terminou em 1660, com a intervenção de Fernão Dias Pais.

Esse conflito foi responsável, ainda, pela mudança de muitos paulistas para Santana de Parnaíba.

CAPÍTULO 14

BUENOS E ANHANGUERAS

O homem que não quis ser rei era da Vila de São Paulo, mas parte de sua família de bandeirantes foi morar nas terras vizinhas de Parnaíba, onde nasceram alguns dos mais bravos caçadores de riquezas da história brasileira. Os dois filhos homens de Amador Bueno da Ribeira, os paulistas Bartolomeu e Antônio Bueno, participaram de ataques às reduções jesuíticas do sul. No mesmo ano em que seu pai optou por continuar sendo súdito de um rei português, em vez de servir aos propósitos da colônia espanhola de São Paulo, Bartolomeu Bueno foi a Lisboa, em companhia de Luís da Costa Cabral e de Baltazar de Borba Gato, declarar a fidelidade dos paulistas ao soberano. Na ocasião, teriam entregado a d. João IV a primeira amostra de ouro encontrado no Brasil.

Amador tinha, ainda, dois irmãos bandeirantes, Jerônimo e Francisco. Jerônimo foi sertanista e seu filho, que tinha o mesmo nome, esteve em Goiás em 1644 e 1645. O mais famoso de todos os Bueno chamava-se Bartolomeu Bueno da Silva e era filho de Francisco Bueno. Foi ele o protagonista do episódio que lhe valeu o apelido de Anhanguera, ou "Diabo Velho" na língua dos tupis.

O parnaibano Bartolomeu Bueno da Silva seguiu com numerosa bandeira em busca do ouro de Goiás, em 1682. Conta a lenda que, certa ocasião, desconfiou da atitude de uma tribo que tentou impedir a entrada do grupo em seu território. Teve, então, a ideia de atear fogo numa pequena vasilha cheia de aguardente, que os nativos imaginavam ser apenas água. Aterrorizados com a ameaça feita pelo bandeirante de incendiar os rios onde pescavam, os indígenas se renderam e revelaram a localização das minas.

Entre os integrantes da bandeira estava seu filho, futuro Capitão-mor, que tinha o mesmo nome. Quarenta anos depois, este outro Bartolomeu Bueno da Silva, conhecido como o "Segundo Anhanguera" e nascido em 1672, voltou com sua própria bandeira ao local e caminhou durante três anos pelos sertões goianos, em busca das minas que seu pai não chegou a explorar. Ali, fundou o Arraial da Barra, que em 1727 ganhou o nome de Santana, em homenagem à cidade de origem. Santana mudaria novamente de nome para Vila Bueno, que hoje é a cidade de Goiás (ou Goiás Velho, primeira capital do estado).

Além de fundar povoados e arraiais, sendo por isso mais respeitado como colonizador, o filho do Anhanguera, com a ajuda de seu genro João Leite, criou as primeiras estações para cobrança de impostos das passagens dos rios no caminho de seus descobrimentos. Por esse motivo, perdeu suas sesmarias. Acusado de sonegação de impostos, ele perdeu também prestígio perante a coroa e morreu pobre na vila que fundou, em 19 de setembro de 1740.

Houve um terceiro sertanista com o mesmo nome, que, assim como o pai e o avô, também nasceu na Vila de Parnaíba. Este foi coronel do regimento de cavalaria de Parnaíba, onde exerceu outros empregos públicos, mas mudou-se para Goiás, onde morreu em 1776. Os historiadores lhe negam o direito à alcunha de "Terceiro Anhanguera", que pretendeu adotar.

CAPÍTULO 15

SONHANDO COM ESMERALDAS

Depois de armadas e providas de animais e mantimentos, as bandeiras organizadas em Santana de Parnaíba partiam de um trecho em curva na margem esquerda do Tietê que os guaianases chamavam de Araritaguaba ("terra onde as araras comem"), hoje parte do território do município de Porto Feliz. Além de André Fernandes e dos Anhangueras, muitos bandeirantes que nasceram ou moravam na vila lideraram monções em direção às minas do oeste ou a caminho das guerras contra as povoações guaranis.

Fato muito comum na época, dois deles — tio e sobrinho — tinham o mesmo nome, Domingos Jorge Velho. O mais importante foi o segundo, um bandeirante que colonizou o Nordeste e ficou marcado pelo mais sangrento episódio da história dos negros brasileiros. Nascido em Parnaíba, Domingos Jorge Velho, o sobrinho, descendente de tupiniquins e de tapuias e que mal sabia falar o português, foi um dos mais célebres sertanistas de contrato e povoadores da região nordestina.

Em 1671, ele já participava de bandeiras de apresamento de índios nas terras nordestinas. Criou gado em Pernambuco e participou de expedições ao Ceará, Piauí e Paraíba, fundando arraiais por toda a parte. Mas o que o tornou realmente conhecido foi o fato de ter destruído o Quilombo dos Palmares, na Serra da Barriga, em Alagoas.

Liderados pelo guerreiro Zumbi, os escravos amotinados resistiram nas muitas aldeias de Palmares às incursões promovidas por holandeses, portugueses e brasileiros. A sorte do quilombo mudou a partir de 1690, quando o governador de Pernambuco, João da Cunha Souto Maior, passou a utilizar os serviços do bandeirante nessa luta. Foram várias batalhas em que, à frente de 9 mil homens, Domingos Jorge Velho terminou sufocando os últimos focos de rebeldia em 1695. O heroico Zumbi foi morto em 20 de novembro, hoje lembrado como Dia Nacional da Consciência Negra.

Também foram bandeirantes seus primos Salvador e Simão Jorge Velho, filhos do primeiro Domingos. Salvador notabilizou-se pela descoberta de minas de ouro nos ribeirões de Curitiba em 1680, de onde trouxe considerável riqueza. Vinte anos mais tarde, voltou ao Paraná, dessa vez acompanhado do irmão, e, como muitos chefes de bandeiras, guardava em casa a Carta Régia de agradecimento pelos serviços que prestou à Coroa portuguesa.

Na família também destacou-se Domingos Jorge Silva, filho de Salvador Jorge Velho e defensor do Rio de Janeiro e de Santos. O sargento-mor Domingos Jorge Silva recebeu esta patente pelo heroísmo demonstrado em 1711, durante a invasão francesa do Rio de Janeiro. Militar desprendido e leal às administrações coloniais, gastou mais de 4 mil cruzados do próprio bolso para manter durante meses a tropa numerosa que guarneceu a vila e as fortalezas de Santos.

"Terror dos índios" era o apelido de outro sertanista parnaibano, Francisco Pedroso Xavier. Ele saiu de São Paulo em fevereiro de 1665 com numerosa bandeira e arrasou, no ano seguinte, a povoação de Vila Rica do Espírito Santo, fundada por jesuítas espanhóis entre os rios Paraná e Uruguai, voltando à vila com centenas de índios aprisionados.

Antônio de Barros Penteado, também filho da terra, fez fortuna com a mineração de ouro em Cuiabá e, ao voltar para suas terras em Itu, que fazia parte de Santana de Parnaíba, passou a ocupar cargos de relevo no governo provincial.

Antônio Bicudo Leme foi um dos grandes colonizadores do estado de São Paulo, depois de fazer fortuna nas Minas Gerais. Participou da formação das vilas de Taubaté e Pindamonhangaba, onde, ao contrário de outros antigos conquistadores de terras, era conhecido por suas virtudes.

Igualmente merecedor dos elogios do reino de Lisboa, por seu comportamento honroso, o parnaibano Antônio de Godoy Moreira esteve em 1695 nos sertões de Sabarabuçu, em busca de prata, a mando do então governador Artur de Sá e Menezes, que o incumbiu de prosseguir os descobrimentos feitos por Carlos Pedroso da Silveira e Bartolomeu Bueno de Siqueira.

Na região do Paraguai, destacou-se o bandeirante parnaibano Gaspar de Godoy Collaço, que liderou expedições e se notabilizou pela conquista dos sertões entre Vacaria e as serras próximas ao país vizinho. Por esse motivo, em 1698 ganhou a patente de tenente-general. Naquele mesmo ano, teve atuação firme contra os distúrbios provocados pelo conflito entre as famílias Pires e Camargo em São Paulo.

Filho do português Fernão Dias, um dos primeiros povoadores da região de Pinheiros, um dos mais célebres bandeirantes, Fernão Dias Pais Leme, embora nascido na Vila de São Paulo, morava em Santana de Parnaíba.

A vida do "Caçador de Esmeraldas", como se tornou conhecido por causa de um poema feito por Olavo Bilac em sua homenagem, resumiu melhor do que qualquer outra biografia o espírito bandeirista. Fernão projetou-se a partir de 1638, ao contribuir para a exploração dos atuais estados do Paraná, Santa Catarina e Rio Grande do Sul.

Em vez do desejo de capturar índios ou de esmagar quilombos, o nome de Fernão Dias Pais Leme está associado ao sonho das esmeraldas e à bandeira que mobilizou em 21 de junho de 1674, tendo a seu lado o genro Borba Gato e seus filhos José Pais e Garcia Rodrigues Pais, além do imediato Matias Cardoso de Almeida. A eles se deve a exploração de extensas áreas de Minas Gerais, entre a região do Rio das Velhas e a zona de Serro Frio. Depois de um período de sete anos de lutas e dificuldades, a expedição chegou à Lagoa de Vapabuçu sem ter encontrado uma só esmeralda. As pedras achadas em Vapabuçu eram apenas turmalinas. No entanto, foi essa a bandeira que, ao abrir os caminhos das Gerais, lançou as bases para as futuras descobertas das mais ricas jazidas de ouro e diamantes, entre os anos de 1690 e 1695.

Matias Cardoso de Almeida abriu a estrada que ligou as Minas Gerais aos currais de gado da Bahia, estabelecidos na zona do Rio São Francisco. Borba Gato explorou o sertão do Rio das Velhas. Rodrigues Pais demarcou o caminho que ligava Minas ao Rio de Janeiro. E teria sido o filho de Fernão, Garcia Rodrigues Pais, um dos primeiros descobridores do ouro das Gerais, precedendo as expedições de 1693.

Muito antes, em 1602, saiu de Parnaíba a expedição de Nicolau Barreto, que chefiou muitos moradores da vila, entre eles Domingos Fernandes, filho de Suzana Dias. O grupo desceu os rios Tietê e Paraná para capturar indígenas no Guairá. Alguns anos depois, Domingos e seu genro Cristóvão Diniz, que moravam em Utu-Guaçu (do tupi, "cachoeira grande"), construíram uma ermida em honra de Nossa Senhora da Candelária, dando origem ao povoado de Itu.

Em 1607, Belchior Carneiro, um dos irmãos de Suzana e, portanto, neto de Tibiriçá, organizou outra bandeira, formada

FESTA DO SURU: uma das mais antigas do município, em homenagem a Santo Antônio. A comida começava a ser preparada de madrugada e o almoço só terminava tarde da noite.

CASA DA CULTURA: nos anos 1960, o prédio estava precisando de uma boa reforma

SAGRADO CORAÇÃO DE JESUS: Apostolado da Oração. Muita gente querida nesta foto: Anna Procópio de Moraes, Ermelinda Gianini Teixeira, dona Julieta, Ana Machado, dona Menina, padre Luís Martini, dona Maria Joana, dona Mariquinha do Lulu, Ana do João Pinto, Maria Franca (Iaiá), Aurora Leal, Florindo Scarpa, Mario Scarpa, Antônio Scarpa e João Paes de Abreu, entre outros

FUTEBOL: Time do Parnaibano no campo do Carrascá (atual EMEF Ermelinda
Gianini Teixeira), nos anos 1920; abaixo, o time do CASA na Rua Suzana
Dias, a caminho do campo (atual residência de Leônidas Chaves de Oliveira),
nos anos 1940

DÉCADA DE 1940: o primeiro time de vôlei feminino de Santana de Parnaíba. Da direita para a esquerda, Rosa Hidalgo, Did Pinto, Benedita Marques e amigas

A CONQUISTA DA COPA DE 1962: o povo festeja na rua, o Brasil ficou sem Pelé, que estava machucado, mas teve a sorte de contar com Garrincha

O DIA DO CAÇADOR: diversão masculina por excelência, hoje ecologicamente incorreta, a caçada era uma tradição parnaibana. Meia dúzia de cavalos, meia dúzia de cachorros, o grupo seguia para o mato e sempre voltava com a caça pronta para ser enfiada no espeto

PÃO QUENTE: O menino ao lado da registradora é Antônio (Toninho) Fernando Scarpa. Abaixo, Chico Padeiro com a família e uma nota de compra da tradicional Padaria Aurora, que pertencia a Desidério Crispim de Oliveira

CABEÇÕES: os bonecos foliões começaram a ser feitos por João Leite na primeira metade do século XX e até hoje são a marca registrada do carnaval de Santana de Parnaíba. Holmes Villar (no alto à esquerda), continuou a tradição e, com sua morte, os cabeções passaram a ser feitos por seu filho, Tito

BATUCADA: na cidade que tem o carnaval mais animado da Grande São Paulo. Abaixo, no detalhe, Henrique Preto, um dos grandes incentivadores da festa, e o grande sambista Quirino Preto, já idoso, com a família

OUVIRAM DO IPIRANGA: A turma do Colaço em 1968 e a formatura da oitava série nos anos 1970, com os alunos e mestres cantando o Hino Nacional

NATUREZA AMIGA: O passeio de canoa na Represa do Vau cercada de verde, nos anos 1960; Geraldo Moraes, Quita Machado e Terezinha Branco em 1948, ao lado da primeira biquinha; dois policiais, Pedro Pinto e Wilson Marques, bastavam para manter a segurança nos anos 1940; a simplicidade e o encanto da congada

SAUDADES DO TIETÊ: O rio que corre do mar para o interior em dias mais felizes, sem poluição. Se cada um de nós fizer uma parte, o Tietê dos bandeirantes vai deixar de ser uma saudade no peito da gente

PARA NÃO ESQUECER: A primeira Santa Casa, construída em 1909, e a foto de sua benemérita; abaixo, foto tirada do alto da igreja em um dia de inundação causada pela abertura das comportas da Usina Edgard de Souza, em 1959

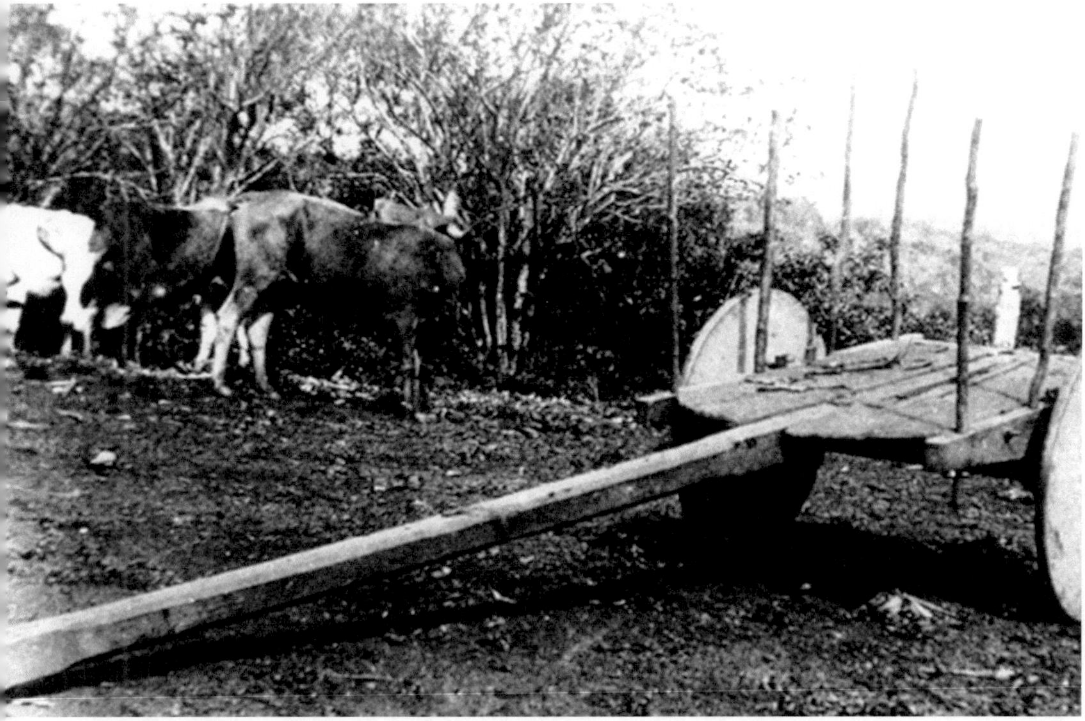

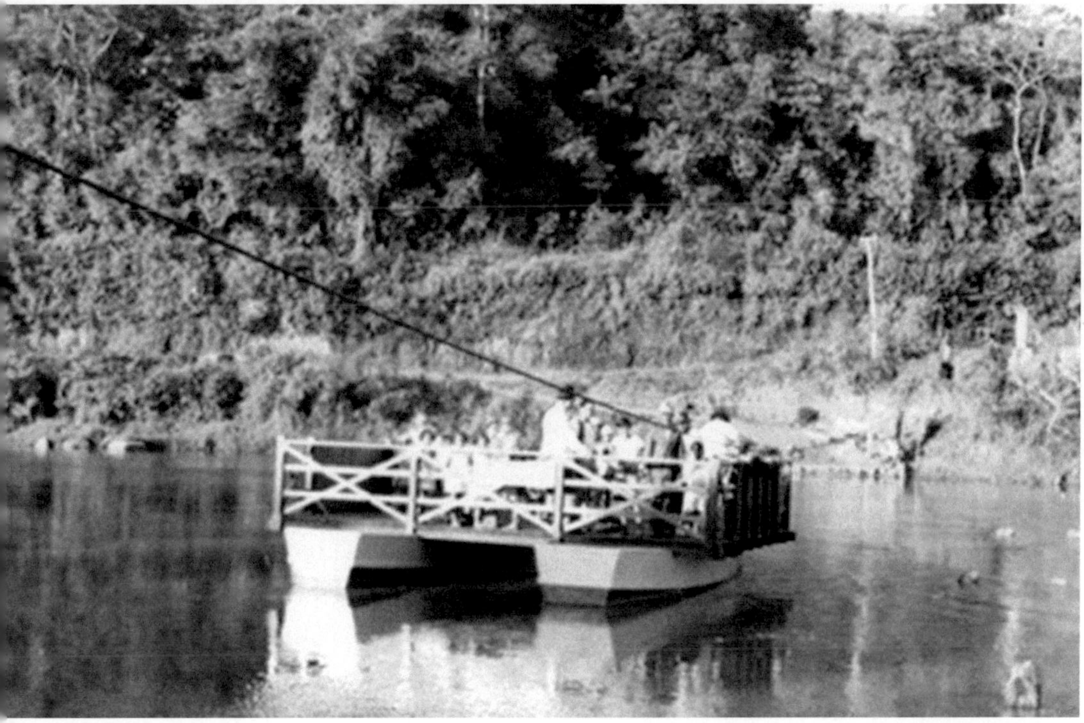

MÁQUINA DO TEMPO: Do carro de boi ao helicóptero, passando pela balsa do porto de Meatinga e pelo Ford 1910 – o carrão da época. As máquinas de ir e vir de antigas e atuais gerações de parnaibanos

SANTANA DE PARNAÍBA: sempre bela nas vistas aéreas e nos closes. No alto, foto tirada do alto do Morro do Major, a vista parcial em 1940 e o casario nos anos 1970

O REENCONTRO: da vila que descobriu o Brasil com sua própria História, através do Projeto Oficina Escola, uma das marcas duradouras da administração de Silvinho Peccioli. Abaixo, Alphaville, o lugar ideal sonhado e realizado pelos novos bandeirantes Renato de Albuquerque e Yojiro Takaoka por cinquenta homens brancos e alguns índios, com a finalidade principal de procurar ouro e prata. Belchior morreu nas matas, um ano depois, sendo substituído por Antônio Raposo Tavares, um dos principais desbravadores da Amazônia.

Além de ter deixado seu nome gravado na história dos bandeirantes, Fernão Dias Pais Leme foi um negociador hábil. Teve um papel fundamental no fim do conflito entre as famílias Pires e Camargo. Mostrava espírito conciliador mesmo com adversários.

Foi o que aconteceu, nos anos 1660, época em que surgiram novos aldeamentos indígenas ao redor de Parnaíba. Os guaianases estavam divididos em três grupos, chefiados pelos caciques Sonda, Gravataí e Tombu. Uma bandeira comandada por Fernão, em 1661, pôs fim às lutas e à ameaça de invasão da vila pelos indígenas.

Após longo período de cerco, Gravataí morreu. Já em idade avançada, Fernão prometeu aos dois chefes restantes que não iria matá-los nem escravizá-los. Comprometeu-se a abrigá-los em suas terras, e os levaria à igreja, para que se convertessem. Sonda, o segundo chefe, morreu durante a viagem.

As tribos então se uniram sob o comando de Tombu.

Já em terras parnaibanas, os índios prosperaram, cultivando cereais. E todos se converteram ao catolicismo. Todos, menos Tombu, que recusava o batismo porque não aceitaria uma religião cujo Deus não castigasse imediatamente os infratores.

Somente no leito de morte é que o velho cacique aceitou a água-benta, sendo batizado com o nome de Antônio. O motivo que o levou a isso foi simples: ele não queria separar-se de seus irmãos, pois todos haviam sido batizados e, portanto, iriam para o céu cristão. Com a morte de Tombu, os remanescentes da tribo ficaram desesperados, querendo voltar para as matas.

Fernão Dias Pais os convenceu a ficar e a continuar trabalhando na reserva.

Fernão Dias Pais Leme agoniza. Um lamento
Chora longo, a rolar na longa voz do vento.
Mugem soturnamente as águas. O céu arde.
Transmonta fulvo o sol. E a natureza assiste,
Na mesma solidão e na mesma hora triste,
À agonia do herói e à agonia da tarde (...)

Fernão Dias Pais Leme agoniza, e olha o céu.
Oh! esse último olhar ao firmamento! A vida
Em surtos de paixão e febre repartida,
Toda, num só olhar, devorando as estrelas!
Esse olhar, que sai como um beijo da pupila,
Que as implora, que bebe a sua luz tranquila,
Que morre. E nunca mais, nunca mais há de vê-las! (...)

Fernão Dias Pais Leme espera a morte... Adeus!
O sertanista ousado agoniza, sozinho...
Empasta-lhe o suor a barba em desalinho (...)

Violador de sertões, plantador de cidades,
Dentro do coração da Pátria viverás!
Cala-se a estranha voz. Dorme de novo tudo.

Agora, a deslizar pelo arvoredo mudo,
Como um choro de prata algente, o luar escorre.
E sereno, feliz, no maternal regaço
Da terra, sob a paz estrelada do espaço,
Fernão Dias Pais Leme os olhos cerra. E morre.

(Trechos de *O Caçador de Esmeraldas*, de Olavo Bilac).

CAPÍTULO 16

AS CIDADES "PARNAIBANAS"

O brasão de Santana de Parnaíba, idealizado por Affonso de Taunay, traz a divisa em latim **Patriam Feci Magnam** ("Tornei grande minha pátria"), referindo-se às conquistas dos bandeirantes parnaibanos que levaram o nome de sua terra aos mais longínquos pontos e deram ao Brasil as fronteiras atuais.

Além disso, Santana de Parnaíba é considerada "cidade-mãe", pois a partir dela nasceram várias cidades brasileiras fundadas ou povoadas por sua gente, começando pelas que se desmembraram da sesmaria original de Manuel Fernandes e Suzana Dias.

Araçariguama

Este povoado se originou com a construção da capela de Nossa Senhora da Penha, construída pelo capitão Guilherme Pompeu de Almeida, por seu filho que tinha o mesmo nome, e por Francisco Rodrigues Penteado, que participou ativamente da vida política e administrativa da Vila de Parnaíba. Os Pompeu de Almeida radicaram-se nessa região para não tomar partido na luta entre os Pires e os Camargo. A fundação de Araçariguama teve como mentor outro cidadão parnaibano, Rodrigo Bicudo Chassim. A separação de Santana de Parnaíba aconteceu no ano de 1844, quando a freguesia de Araçariguama foi incorporada à Vila de São Roque. Desmembrando-se de São Roque, tornou-se município em 1874. Afetada por um processo de estagnação da economia e pela decadência político-administrativa, Araçariguama voltou a ser distrito de São Roque entre os anos de 1934 e 1992, quando recuperou a autonomia. O nome da cidade vem do tupi "bando de araçaris" (espécie de tucano miúdo).

Barueri

O atual município teve origem na aldeia de mesmo nome, existente nas vizinhanças da capela de Nossa Senhora da Escada, construída pelo padre José de Anchieta em 1560. Há dúvidas sobre a origem do vocábulo. Alguns estudiosos atribuem ao tupi mbaruery ("rio encachoeirado") em combinação com o francês barrière ("barreira"), o que resultaria no significado final de "barreira que encachoeira o rio", tendo em vista que a aldeia ficava na bifurcação do Anhembi-Tietê. Outros preferem o significado "flor vermelha que encanta". O aldeamento chegou a reunir 1.200 índios carijós, guaicurus e guaianases no ano de 1619. Barueri continuou como parte de São Paulo quando Parnaíba se separou, mas desde então era disputada pelas duas vilas. Passou a fazer parte do território parnaibano em 1918 e assim permaneceu durante trinta anos, até conseguir a emancipação, em 1948.

Cajamar

Inicialmente chamada de Lavrinhas por ficar próxima ao Rio Lavras, onde os jesuítas garimpavam no século XVIII, foi somente em 1938 que o lugar, então conhecido como Água Fria, tornou-se distrito do município de Santana de Parnaíba. Teve seu nome alterado em 1944 para Cajamar e manteve a denominação quando tornou-se município no ano de 1959. O nome Cajamar tem a origem indígena cai-a-mar, que quer dizer "fruto colorido e manchado", numa referência ao fruto do araçazeiro, árvore abundante nesse município paulista, que tem São Sebastião como padroeiro.

Jundiaí

Povoado fundado pelos paulistas Rafael de Oliveira e Petronilha Rodrigues Antunes, em território que pertencia a Santana de Parnaíba, no início do século XVII. A povoação de Jundiaí começou a ser reconhecida a partir de 1651, com a inauguração da capela dedicada a Nossa Senhora do Desterro. Em 14 de dezembro de 1655, Jundiaí, que comemora seu aniversário no mesmo dia de Santana de Parnaíba, foi elevada à categoria de vila. O nome da cidade vem do tupi e tem o significado de "rio dos bagres".

Pirapora do Bom Jesus

Surgiu do arraial e da capela que existiam no distrito de mesmo nome, na Vila de Parnaíba. A capela foi fundada em 1680 pelo fazendeiro José de Almeida Naves, que encontrou uma imagem de Cristo, de madeira, nas águas do Tietê. Conta a lenda que os escravos de Naves colocaram a peça num carro de boi para levá-la à sede da vila, mas os bois não se moviam do lugar. Resolveram guardá-la provisoriamente em um paiol, pois não cabia no interior da casa. Mas na mesma noite houve um incêndio que destruiu tudo o que havia no paiol. Só a imagem permaneceu intacta. O nome Pirapora, em tupi-guarani, significa "peixe que pula", mais uma referência às corredeiras. O distrito de Pirapora do Bom Jesus foi desmembrado de Santana de Parnaíba em 1959, ano em que obteve a autonomia.

São Roque

Povoação fundada em território parnaibano pelo rico proprietário paulista Pedro Vaz de Barros na segunda metade do século XVII. A povoação foi elevada a freguesia em 1768, a vila em 10 de julho de 1832 e a cidade em 22 de abril de 1864. Município famoso pela produção de vinhos, em São Roque o cultivo da uva começou no tempo de sua fundação e ganhou impulso com a imigração italiana.

Sorocaba

O governador-geral Francisco de Souza tentou fundar, em 1600, uma povoação, com o nome de Itaperaçu, nas proximidades das minas de Araçoiaba. Mas isso acabou não acontecendo. Meio século mais tarde, em 1654, Baltazar Fernandes, filho de Suzana Dias e Manuel Fernandes Ramos, e seus genros André de Zunega e Bartolomeu de Zunega, ambos espanhóis, estabeleceram-se com suas famílias a três léguas do Morro de Biraçoiaba e fundaram a capela dedicada a Nossa Senhora da Ponte. O povoado foi elevado a vila em 1661 e, desmembrando-se de Santana de Parnaíba, tornou-se município no ano de 1842. O nome Sorocaba vem do tupi "terra rasgada".

Itu

O nome da cidade deriva de itu-guassu, ou utu-guaçu, expressão tupi que significa "grande salto" ou "cachoeira grande". O povoado foi fundado, em território que pertencia a Santana de Parnaíba, pelo capitão Domingos Fernandes, filho de Suzana Dias e Manuel Fernandes Ramos, e por seu genro Cristóvão Diniz, que ali construíram uma capela em louvor a Nossa Senhora da Candelária, em 1610. Itu foi elevada a freguesia em 1653 e a vila em 1654, tendo sido esse fato arbitrário e ilegal, visto que o lugar não possuía ainda os elementos necessários para essa elevação e nem o capitão-mor Gonçalo Couraça de Mesquita tinha autorização do donatário ou do governador-geral para adotar essa medida administrativa. No entanto, após a morte de Couraça de Mesquita, em 1656, seu substituto, o ouvidor Miguel Cabedo de Vasconcelos, por provisão de 18 de abril de 1657, legalizou o ato de seu antecessor, sendo essa a data oficial da elevação de Itu a vila. Em 5 de fevereiro de 1842, a vila se transformou em cidade. Itu também se desmembrou do território parnaibano.

Em diversos estados brasileiros, algumas cidades foram fundadas ou povoadas pelos naturais de Santana de Parnaíba. No estado de São Paulo, é o caso dos atuais municípios de Cotia, Pindamonhangaba, Tatuí, Queluz e Rio Claro.

Cotia

Os fundadores da capela que deu origem à cidade foram o coronel Estêvão Lopes de Camargo e o padre Mateus de Lara Leão. No entanto, os bandeirantes Fernão Dias Pais e Gaspar de Godói Moreira, que era parnaibano, têm também seus nomes relacionados com a fundação do povoado. De acordo com a *Enciclopédia dos Municípios Brasileiros,* foram eles que, "de 1640 a 1670, pagaram à sua custa o sacerdote que administrava o pasto espiritual". Em 1713, sua localização consolidou-se junto de Nossa Senhora do Monte Serrate, quando membros da família Camargo se instalaram na região. Em 1723, a capela de Monte Serrate foi elevada à categoria de freguesia e a vila em 1856.

Pindamonhangaba

O padre e bandeirante João de Faria Filho é considerado o principal fundador de Pindamonhangaba, em fins do século XVII, mas houve outros. O historiador Pedro Taques cita os parnaibanos Antônio Bicudo Leme, Brás Esteves Leme, Manuel da Costa Leme, João Corrêa de Magalhães e Pedro da Fonseca Magalhães.

Pindamonhangaba, que vem do tupi "lugar onde se fabrica anzol", foi elevada a vila em 1705 e a cidade em 1849.

Tatuí

O arraial foi fundado por um neto de Suzana Dias chamado Paschoal Moreira Cabral, filho do capitão Pedro Alves Moreira Cabral e de Sebastiana Fernandes (filha de André Fernandes). O núcleo urbano de Tatuí teve origem nas vizinhanças da capela de Nossa Senhora del Popolo, no então distrito de Sorocaba. Paschoal, seu irmão, Jacinto Moreira Cabral, e seus companheiros Manuel Fernandes de Abreu e Martim Garcia Lumbria foram autorizados por carta régia a construir uma oficina para fundir ferro em Araçoiaba. Uma das primeiras cidades do Brasil a libertar os escravos antes da Lei Áurea, tornou-se município em 1861. O significado da palavra tatuí, de origem tupi, é "água do rio do tatu".

Queluz

Município paulista situado na divisa com o estado do Rio de Janeiro, Queluz teve origem em uma aldeia dos índios puris, criada pelo governador e capitão-general Antônio Manuel de Melo Castro e Mendonça e entregue à direção do padre Francisco Chagas Lima, que veio de Parnaíba.

Rio Claro

Suas origens datam do começo do século XIX, com a chegada de lavradores atraídos pela fertilidade do solo, entre eles Manuel Paes de Arruda, o capitão Francisco da Costa Alves e Antônio Paes e Barros, de origem parnaibana. Paes e Barros, um dos pioneiros do plantio de café no estado de São Paulo, recebeu o título de Barão de Piracicaba.

Rio Claro foi elevada a freguesia em 9 de dezembro de 1830 e a vila em 7 de março de 1845. Tornou-se município em 1857.

Em outros estados, os bandeirantes e colonizadores nascidos em Santana de Parnaíba foram responsáveis pelo surgimento de núcleos urbanos importantes, desde pequenas cidades até grandes capitais.

Goiás

O bandeirante parnaibano Bartolomeu Bueno da Silva, o segundo Anhanguera, fundou o Arraial de Santana, posteriormente Vila Boa de Goiás (hoje cidade de Goiás, a antiga capital goiana), e os arraiais da Barra (hoje Buenolândia), Ouro Fino e Ferreiro. Antes dele, o primeiro branco a penetrar no território foi Manoel Correia, em 1647. Sua bandeira caminhou durante um ano e atingiu o Rio das Mortes. No seu regresso, Correia levou muitos índios e dez oitavas de ouro, com as quais mandou fazer uma coroa para Nossa Senhora do Pilar de Sorocaba. Dessa viagem Manuel Correia deixou um roteiro, que em 1683 serviu de guia ao bandeirante Bartolomeu Bueno da Silva, o primeiro Anhanguera. O arraial de Santa Luzia começou a ser povoado após a descoberta de uma mina, em 1746, pelo parnaibano Antônio Bueno de Azevedo, descendente de Amador Bueno da Ribeira. Outro arraial goiano, mais tarde a Vila de Natividade, deve sua fundação, em 1734, a Antônio Ferraz de Araújo, sobrinho do segundo Anhanguera, nascido em São Paulo e morador de Parnaíba.

Paraná

Alguns dos mais importantes núcleos urbanos paranaenses surgiram depois da chegada de bandeirantes de Parnaíba. A começar pelas vilas, depois cidades de Curitiba e Paranaguá, que devem parte de sua formação ao parnaibano Gabriel de Lara, filho do espanhol Diogo Ordoñez de Lara e de Antônia de Oliveira, que se casou em segundas núpcias com André Fernandes. Outro parnaibano, Salvador Jorge Velho, participou das descobertas de ouro nos ribeirões de Curitiba. A vila foi criada em 1654 e a cidade, em 1842. Em Paranaguá, quando foi transformada em capitania, em 1655, a Câmara Municipal nomeou Gabriel de Lara sucessivamente para as funções de ouvidor, alcaide e capitão-mor. Outra cidade, Guarapuava, teve como pioneiro o padre Francisco das Chagas Lima, catequizador vindo de Parnaíba. Também parnaibano, o sacerdote João Gonçalves de Lima, foi eleito membro do governo provisório da província em 1823.

Santa Catarina

O povoado de Lages foi fundado por Antônio Corrêa Pinto, morador de Santana de Parnaíba, que era casado com a parnaibana Maria Benta Rodrigues, filha do capitão Baltazar Rodrigues Fão e de Izabel da Rocha do Canto. Outra cidade catarinense, São Francisco do Sul, teve como seu principal povoador Manuel Lourenço de Andrade, a mando do Marquês de Cascais. São Francisco foi elevada à condição de vila por Gabriel de Lara.

Mato Grosso

A cidade de Cuiabá surgiu em consequência da descoberta de suas minas de ouro pelo parnaibano Fernão Dias Falcão, que ocupou o posto de capitão-mor da vila que se tornaria capital do estado. Rodrigo Bicudo Chassim, português radicado em Parnaíba, foi um dos fundadores de Cuiabá, em 1727. Coxipó do Ouro, nome atual do Arraial de Forquilha, e Arraial Velho, ou Casa da Telha, surgiram após a bandeira de Paschoal de Moreira Cabral Leme, neto de André Fernandes. O mesmo bandeirante encontrou diamantes no local onde surgiu a cidade de Diamantino. Salvador Jorge Velho, filho de Domingos Jorge da Silva e Margarida de Campos Bicudo, natural de Parnaíba, levou toda a família para as imediações das minas de Aricoponé, e lá faleceu em 1792. Vila Bela, povoação que inicialmente era chamada de Mato Grosso, deve sua fundação à descoberta de minas no Rio Guatera, um dos afluentes do Guaporé, pelo capitão Fernão Pais de Barros, morador de Parnaíba.

Minas Gerais

Sabará, Congonhas do Campo e Ouro Preto, a antiga Vila Rica dos inconfidentes, surgiram com a exploração de seus campos e minas por bandeirantes da vila de Suzana Dias. Domingos Rodrigues da Fonseca Leme, parnaibano descendente de Raposo Tavares, foi quem descobriu, roçou e traçou os caminhos dos "desertos de Sabarabuçu", a região rica em minas onde hoje fica a histórica cidade de Sabará.

Os parnaibanos tiveram, também, participação na fundação e na povoação da cidade de Pitangui. Um dos fundadores, Domingos Rodrigues do Prado, era casado com a filha de Bartolomeu Bueno da Silva. Fernão Dias Falcão, também parnaibano, exerceu os cargos de juiz, ordinário e de órfãos, além de provedor das fazendas, e foi também responsável pela criação da vila.

Nordeste

O parnaibano Domingos Jorge Velho, que comandou a destruição do Quilombo dos Palmares, em Alagoas, foi o desbravador do estado do Piauí e fundador de fazendas de gado que deram origem a cidades como Parnaíba, no litoral. Os membros de sua expedição receberam sesmarias que deram origem a várias cidades — Arraial de Sobrado e São Caetano, em Pernambuco; Anadia, Quipapá e Atalaia, em Alagoas; Formigas e Piancó, na Paraíba, entre outras.

CAPÍTULO 17

O PÃO NOSSO
DA ECONOMIA

Por volta de 1640, boa parte do pão e da farinha de trigo que eram consumidos no Brasil e em Portugal vinham dos moinhos existentes em Santana de Parnaíba, na maioria pertencentes aos herdeiros de Suzana Dias. De acordo com documentos da Câmara Municipal de São Paulo, as fazendas da Capitania de São Vicente produziam também farinha de milho, arroz, feijão e legumes, utilizando a mão de obra indígena.

Esses produtos abasteciam a capitania e eram transportados por tropeiros para todos os rincões da colônia, que vivia praticamente da monocultura açucareira. As "exportações" paulistas completavam, até com fartura, o pequeno volume de mantimentos que eram trazidos da metrópole a bordo dos navios.

O Porto de Santos já era bem movimentado nos anos 1650, devido à procura dos alimentos provenientes do Planalto de Piratininga, que seguiam até mesmo para o continente africano, embora em escala reduzida, para trocar por escravos. O trigo de Santana de Parnaíba era comprado pela Fazenda Real e empregado no esforço de guerra contra os holandeses estabelecidos no Nordeste do Brasil e em Angola.

O volume deste tráfico colonial permanece desconhecido, mas estima-se que a média anual de trigo produzido em São Paulo atingia o equivalente a 120 mil alqueires. Entre 1640 e 1660, no auge das campanhas militares contra as missões jesuíticas castelhanas, era enorme a concentração de índios nas fazendas paulistas.

Mesmo os pequenos produtores dedicavam-se ao plantio do trigo.

No entanto, os moinhos só eram encontrados nas grandes fazendas, pois para construí-los o dono da terra dependia da autorização oficial, dos favores do donatário. As transações comerciais sofriam, portanto, interferências políticas. Por isso, apesar de ser pequeno o custo de sua implantação, eram poucos os moinhos existentes nas fazendas do planalto e na boca do sertão. A posse de uma casa de moer conferia importância ao proprietário, pois demonstrava o prestígio que este gozava junto ao Capitão-mor donatário.

Na Vila de Parnaíba, a documentação assinala a presença de um moinho de trigo na fazenda pertencente a Domingos Fernandes, filho de Manuel Fernandes e Suzana Dias. A família controlava a produção e o comércio de trigo na região e era a principal fornecedora das bandeiras que lá se armavam. A produção escoava pelo Tietê, em direção ao interior da capitania, passando pelos portos de Parnaíba e de Barueri.

Se a economia paulista da primeira metade do século XVI girou em torno das entradas no sertão e das guerras contra os padres jesuítas, a estabilidade que resultou da diminuição das hostilidades propiciou um desenvolvimento da agricultura e da pecuária. O fato é que havia mão de obra farta, resultante do apresamento dos indígenas nas "guerras justas". Esta mão de obra, mesmo quando estacionada à espera de ser transportada para o Nordeste, trabalhava nas fazendas que ficavam às margens dos rios Tietê e Pinheiros.

Inicialmente destinada apenas à população paulista e à provisão das bandeiras, a produção logo teria seus excedentes exportados, chegando a representar um importante fluxo de mercadorias no tempo das guerras contra os invasores holandeses.

A partir de 1670, a produção de trigo começou a diminuir, ao passo que aumentava a produção das lavouras de subsistência e a criação de aves e outros animais. Os fazendeiros passaram a dar mais importância às atividades pastoris e à própria alimentação familiar do que às exportações. Isso deve ser entendido no contexto do restabelecimento do comércio oceânico: quando o tráfico negreiro entre a África e o Brasil ganhou impulso, as rotas atlânticas também permitiram o aumento do comércio de mercadorias entre Portugal e o Brasil.

A política ativa de busca de minas de ouro e de pedras preciosas também influenciou, pois os paulistas sempre se preocuparam em plantar trigo por onde passavam, pensando nas colheitas que encontrariam na volta das expedições e, mesmo, nas futuras bandeiras.

A febre das pedras e metais preciosos contribuiu, portanto, para a abertura de fazendas produtivas. E não eram só os bandeirantes. As ordens religiosas também ampliavam seus domínios e expandiam as atividades agropastoris, criando fazendas junto aos mosteiros.

Na Vila de Parnaíba, além da aldeia que mantinham nos limites de Barueri, os jesuítas também plantavam em Araçariguama. Da mesma forma, os padres beneditinos radicados em Parnaíba, onde mantinham um mosteiro e uma fazenda, cuidavam da terra. E agiram do mesmo modo quando receberam uma doação de terras de Baltazar Fernandes em Sorocaba.

A escritura da doação das terras de Baltazar Fernandes aos padres da Ordem de São Bento, datada de 23 de fevereiro de 1664, é o documento comprobatório de que este irmão de André Fernandes foi o pioneiro das terras de Sorocaba ("terra rasgada", em tupi). Alguns termos usados na escritura não são de fácil compreensão, como "terça", que significa a terça parte de uma herança, da qual o testamenteiro podia dispor livremente. A seguir, o conteúdo do documento, que em seu final leva as assinaturas do doador, do procurador dos beneditinos, frei Anselmo da Anunciação, e das testemunhas Antônio Leite Ferreira, João Ribeiro e Isidório Pinto, além da firma do tabelião paulista Pedro Matias Sigar.

"Saibam quantos este público instrumento de escritura de doação virem que, no ano do nascimento de Nosso Senhor Jesus Cristo de mil seiscentos e sessenta e quatro, aos vinte e três dias do mês de fevereiro do dito, eram nesta vila de São Paulo, capitania de São Vicente, partes do Brasil, e neste Mosteiro do Patriarca São Bento, desta vila de São Paulo, onde esse público tabelião adiante nomeado foi sendo chamado e sendo ali logo apareceram partes a saber, de uma parte, o Capitão Baltazar Fernandes, e da outra, o Padre Frei Anselmo da Anunciação, procurador do Mosteiro de São Bento da Vila de Santana da Vila de Parnaíba, e em nome de todos os mais religiosos do dito convento, e pelo dito Capitão Baltazar Fernandes, me foi dito a mim tabelião, perante as testemunhas que presentes se achavam adiante nomeadas e assinadas, que ele ora em virtude deste público instrumento dava e doava deste dia para todo o sempre aos nomeados Padres do Patriarca São Bento do Mosteiro de Parnaíba a Igreja de Nossa Senhora da Ponte com toda a sua fábrica, sita na paragem chamada Sorocaba, com obrigação dele dito, Capitão Baltazar Fernandes, lhe fabricar um dormitório com quatro celas, sua despensa, cozinha e refeitório, e assim mais lhe dava e doava toda a sua terça que diretamente lhe couber por sua morte, assim de bens móveis como de raiz peças do gentio da terra como de Guiné e outrossim disse ele dito Capitão Baltazar Fernandes que para fabricar a dita igreja dava logo em sua vida como de fato logo deu doze serviços de peças do gentio da terra, e assim lhe dava logo um moço também do gentio da terra para serviço da sacristia, e assim mais uma moça cozinheira para serviço dos ditos Padres, e outrossim lhe dava doze vacas e um touro, mais um moinho, uma vinha a qual vinha e moinho sucede e logra ele obrigante, digo moinho e vinha, sucederá e logrará ele obrigante em sua vida e depois de falecido tomarão posse da dita vinha e moinho os ditos religiosos, e assim mais lhe dava logo como de fato deu aos ditos Padres, para fazerem suas lavouras, uma légua de terras que começará de uma roça que é plantada de mandioca para sustento dos ditos Padres, até sair aos campos onde está Bráz Esteves, e de largura desde o rio de Sorocaba até onde está d. Diogo do Rego Mendonça, genro do dito obrigante, as quais coisas atrás nomeadas disse dava e doava ele, dito obrigante em sua vida, aos ditos religiosos desde hoje para todo o sempre, e por sua morte lhe dava toda sua terça como dito e com a obrigação de que os ditos Reverendos Padres do Mosteiro de São Bento de Parnaíba lhe dirão doze missas cada ano na dita igreja e uma mais no dia da festividade de Nossa Senhora da Ponte, as quais sobreditas missas serão obrigados os ditos Reverendos Padres a lhe dizer deste dia para todo o sempre com a declaração que as sobreditas coisas que ele em sua vida dava e doava como tudo o que lhe pertencia de sua terça serão anexos sempre à dita igreja, e dela não poderão tirar nem alhear coisa alguma, e outrossim declarou ele dito Capitão Baltazar Fernandes que as ditas missas seriam ditas por eles e por seus herdeiros ascendentes e descendentes e os que após dele vierem as quais sobreditas coisas prometeu ele obrigante cumprir tão inteiramente como nestas se contém prometendo não ser nunca por si, nem por seus herdeiros, contra o teor desta escritura, mas antes em tudo e por tudo dar e fazer dar inteiro cumprimento, dando-se por opoente a toda dúvida e embargo que a elas seja posto sob obrigação de sua pessoa e bens móveis e de raíz que a esta obrigam, e da mesma maneira se obrigavam por si e por seus sucessores dar inteiro cumprimento à obrigação nesta declarada e aceito sim disseram e uns e outros, e se nesta escritura faltassem algumas cláusulas ou solenidades em direito requeridas ou alegadas haviam aqui por postas e declaradas, como se de cada uma delas fizera declarada e distinta menção o que em ser testemunho da verdade assim o obrigaram mandaram ser feita esta nesta nota donde mandaram dar os instados necessários que cumprissem sendo presentes por testemunhas Antônio Leite Ferreira, Isidório Pinto e João Ribeiro, pessoas de mim tabelião reconhecidas que assinaram como o dito obrigante e como o Reverendo Padre Frei Anselmo, procurador do dito Mosteiro, eu André de Barros Miranda, Tabelião do Público Judicial e Notas desta Vila de São Paulo, e seu termo o escrevi com declaração de que foi feita esta escritura na era de mil seiscentos e sessenta e quatro anos".

CAPÍTULO 18

O HOMEM QUE
PAGOU PELO POVO

O nome Guilherme Pompeu de Almeida significou durante séculos, para o povo parnaibano, o que havia de melhor no gênero humano. Um Capitão-mor e minerador tinha este nome, que foi herdado pelo filho sacerdote, com o que restou de uma fortuna que alcançou dezenas de arrobas de prata, centenas de escravos e vasta quantidade de terras em Parnaíba, Itu, Sorocaba e outras localidades. Uma fortuna que, segundo contam os documentos, "desapareceu toda, pela cobiça de ministros e governadores (...) que nenhum se recolhia ao reino sem levar boa porção".

Mas a culpa da dilapidação do patrimônio do primeiro Guilherme Pompeu de Almeida não pode ser atribuída unicamente à corrupção oficial, que já naquela época existia. O Capitão-mor ficou conhecido como sinônimo de bondade e patriotismo em virtude de um fato acontecido no tempo em que os holandeses já tinham havia muito tempo sido expulsos do país. A paz selada na Corte de Haia, em 1661, estipulava o pagamento de indenizações pelos bens deixados pelos invasores. Um total de quatro milhões de cruzados no prazo de dezesseis anos.

Como não tinha dinheiro suficiente para indenizar os holandeses, Portugal exigiu que o Brasil entrasse com metade da soma, e mais um adicional para o dote da rainha Catarina de Bragança. E quando a conta chegou, os mais prejudicados foram os habitantes da Bahia, a capitania mais rica, que tiveram que pagar a parte do leão. O governo de Lisboa enviou um cobrador, João da Rocha Pitta, com a finalidade de reclamar o pagamento. Foi observado que a vila já havia pago a quantia exigida da administração local. Faltava, porém, cobrar o tributo dos moradores, fossem pobres ou ricos.

O episódio que marcou a vida do Capitão-mor ficou gravado no Livro de Vereanças da Câmara de Parnaíba referente a 1670. Consta desse documento que Guilherme Pompeu de Almeida pagou na boca do cofre toda a quantia devida em impostos pelos habitantes da vila, contribuindo em nome de todos para o chamado "donativo de paz", a indenização ao governo holandês. Ele entregou ao erário 400 mil réis de seu próprio bolso para que as pessoas pobres da vila não fossem sacrificadas.

Nascido na vizinha Vila de São Paulo, Guilherme Pompeu de Almeida aumentou consideravelmente as posses da família quando se estabeleceu em Santana de Parnaíba. Por suas descobertas de minas de ouro e pedras preciosas, foi honrado com várias cartas régias por estas relevantes contribuições à capitania e ao governo da metrópole. Foi dele a iniciativa de erguer, em terreno de sua fazenda, a capela de Nossa Senhora da Conceição de Voturuna, à qual fez consideráveis doações, de acordo com uma escritura de 13 de fevereiro de 1687.

Antes de morrer, em 12 de novembro de 1691, o Capitão-mor contribuiu com elevada soma para a construção da Santa Casa de Misericórdia de São Paulo. Curiosamente, o bom homem era casado com uma filha do bandeirante João Pedroso de Moraes, "o Terror dos Índios". Com sua morte, Santana de Parnaíba perdeu um político de muita influência e há quem vincule seu desaparecimento ao início de um período de decadência econômica na vila.

Quanto ao filho, mesmo tendo abraçado a vida religiosa, ganhou fama por ter aumentado novamente os bens familiares, administrando pessoalmente suas minas de ouro e, segundo seus desafetos, beneficiando-se de fraudes. Foi ele quem fundou a capela de Nossa Senhora da Conceição de Araçariguama, destinando-lhe sucessivas doações, inclusive em seu testamento, datado de 30 de janeiro de 1710.

Homem benquisto na vila, excelente gramático, era esbanjador e não negava — algo muito comum na época — o fato de, apesar de sacerdote, ter uma filha ilegítima. A ela destinou parte de sua herança, reservando, porém, a maioria dos bens para a manutenção da igreja.

Anualmente, sempre a 8 de dezembro, dia consagrado a Nossa Senhora, o padre Pompeu organizava uma grande festa, levando à capela muitos nobres e clérigos de São Paulo e das vilas próximas. Todos ficavam hospedados em sua mansão, da qual se orgulhava por ter cem aposentos, todos equipados com bacias de prata.

Sem deixar a Vila de Parnaíba, o padre Pompeu também associou-se às entradas no sertão, participando como banqueiro de várias bandeiras. Seu enterro, no ano de 1713, foi acompanhado por todo o povo da cidade. De acordo com relatos da época, houve uma marcha de sete léguas para levá-lo ao túmulo. E seu velório foi assim descrito: "O dobre lúgubre e compassado dos sinos da Matriz e do Mosteiro de São Bento anunciou o passamento do mais ilustre filho da terra abençoada por Tibiriçá. O juiz ordinário, os vereadores da Câmara, o procurador do Conselho e todo o povo da vila afluíram em tropel para a casa do egrégio finado".

Da última leva de bandeirantes fazia parte outro habitante de Santana de Parnaíba, Antônio Prado, tronco de uma das mais influentes linhagens paulistas, cuja história é contada por Luiz Felipe D'Ávila em seu livro *Dona Veridiana, a Trajetória de uma Dinastia Paulista*.

Quando surgiu a oportunidade de sair em busca de ouro nas novas minas de Goiás, o comerciante Antônio Prado não hesitou em hipotecar suas propriedades e, como tantos vizinhos da vila, foi arriscar a sorte na aventura mineradora.

As propriedades não eram tantas — ele possuía um sobrado na praça central de Parnaíba, um sítio e dez escravos. Mas voltou da bandeira com algum dinheiro, casou com uma moça da terra, ficou viúvo e casou novamente. Teve seis filhos, um deles Martinho Prado (1722-1770) que, ao contrário do pai, não se entusiasmou com as expedições e nem com a possibilidade de seguir carreira no comércio.

O jurista Martinho Prado tinha paixão mesmo pela política e foi o primeiro deste clã paulista a participar da vida pública, o que aconteceu, na verdade, depois que ele saiu daquela Parnaíba que estava entrando em decadência e foi viver em Jundiaí. Nesta cidade, tornou-se juiz respeitado, vereador atuante e, finalmente, Capitão-mor no ano de 1766.

Um tropeiro também chamado Antônio Prado, neto do capitão-mor Martinho e bisneto do primeiro Antônio, enriqueceu com o comércio de mulas com a realeza do Rio de Janeiro e ganhou o título de Barão de Iguape. O barão era o pai de Veríssimo Prado e de dona Veridiana Prado, e esta, por sua vez, a mãe do conselheiro Antônio Prado, que além de empresário e banqueiro exerceu o cargo de prefeito de São Paulo nos anos 1920 e presidiu por mais de trinta anos a Companhia Paulista de Estradas de Ferro. Antônio Prado ocupou, ainda, a presidência do Partido Democrático.

Foi, portanto, em Santana de Parnaíba, que a família Prado começou a fazer fortuna.

CAPÍTULO 19

OPULÊNCIA NAS GERAIS

F oi a partir do dia 18 de março de 1694 que o governo português passou a garantir a posse das minas aos seus descobridores, exigindo apenas o quinto que era devido à Fazenda. Em 1699, chegava a Lisboa a primeira remessa de ouro do Brasil — cerca de meia tonelada. No ano seguinte, em 7 de abril de 1700, a Câmara da Vila de São Paulo endereçou ao rei de Portugal um memorial pedindo que não fossem concedidas terras a quem não tivesse participado das buscas e das descobertas de pedras e metais preciosos. O que significava não serem concedidas mais terras a quem não fosse morador de São Paulo e das vilas vizinhas.

Este documento é apontado como um divisor de águas para o início do conflito entre facções interessadas no domínio da região.

A Coroa lusitana repassou a petição ao governador do Rio de Janeiro, Artur de Sá e Menezes, pedindo conselho antes de tomar a decisão final e recomendando que só entregasse terras depois de comprovadas as descobertas.

Sá e Menezes não seguiu a recomendação ao pé da letra, introduzindo no Regimento das Minas modificações que deixaram os paulistas em desvantagem diante dos portugueses, que manobraram politicamente e obtiveram grandes concessões. Os paulistas reclamaram. Em seu protesto, Garcia Rodrigues Pais considerou as concessões feitas às margens do caminho que, a tanto custo e esforço, seu pai, Fernão Dias Pais, e demais companheiros haviam aberto.

No entanto, as reivindicações da Câmara paulistana eram, de fato, impossíveis de serem atendidas. Pouco podiam diante dos recursos financeiros e da importância política dos portugueses que viviam na Bahia e no Rio de Janeiro. O historiador jesuíta Antonil calcula que, já no início do século XVIII, havia cerca de 30 mil pessoas envolvidas nos negócios do ouro.

Desde os primeiros momentos em que pisaram em terras americanas, os portugueses sonhavam com a descoberta de riquezas minerais, em especial o valioso metal dourado. Quando isso efetivamente aconteceu, todas as atenções de Lisboa se voltaram para Minas Gerais. As próprias autoridades se assustaram com a quantidade de gente que tomou o caminho das Gerais, e com a velocidade dessa corrida ao ouro. Esse fluxo era bem-vindo, pois significaria um poderoso incremento de recursos nos cofres reais.

Em 1702, era criada a Intendência das Minas do Brasil, com funções administrativas (distribuir as terras e fiscalizar a extração), judiciais (decidir sobre questões referentes à mineração) e tributárias (cobrança de impostos). A grande preocupação da Intendência era impedir o contrabando e cobrar impostos.

Mas nem sempre os intendentes foram fiéis a seus deveres. A quantidade de ouro só fazia aumentar: em 1699, duas toneladas e meia foram declaradamente extraídas; em 1720, nada menos de 125 toneladas — o que significou a chegada de 25 mil quilos de ouro a Lisboa, na forma de impostos. E isso sem contar o contrabando, praticado da boca das minas aos navios ingleses que recebiam ouro no Porto de Lisboa.

Tamanha era a procura, que numa carta datada de 5 de março de 1704, o governador da Bahia, Álvaro Albuquerque, queixou-se de que em breve sua capitania ficaria desabitada, tendo em vista a quantidade enorme de pessoas que partiam em direção às jazidas.

Em seu livro *Cultura e Opulência do Brasil*, Antonil escreveu:

"A sede insaciável do ouro estimulou tantos a deixarem suas terras, e a meterem-se por caminhos tão ásperos, como são os das minas, que dificultosamente se poderá dar conta do mínimo das pessoas que atualmente estão lá. Contudo, os que assistiram nelas, nestes últimos anos por largo tempo, e as correram todas, dizem que mais de 30 mil almas se ocupam, umas em catar, outras em mandar catar nos ribeiros do ouro; e outras em negociar, vendendo e comprando o que se há mister não só para a vida, mas para o regalo, mais que nos portos do mar. Cada ano vem nas frotas quantidades de portugueses e de estrangeiros, para passarem às minas. Das cidades, vilas, recôncavos e sertões do Brasil vão brancos, pardos e pretos, e muitos índios de que os paulistas se servem".

A partir de 1705, tendo diminuído a extração do ouro de lavagem, verifica-se uma ainda maior afluência de pessoas que possuíam técnicas e equipamentos para trabalhos hidráulicos de desmonte de terras. Eram pessoas conhecidas nos círculos comerciais e financeiros de Lisboa. Vinham para o Brasil com créditos, equipamentos e escravos africanos. E assim, em pouco tempo, os forasteiros estavam em grande vantagem numérica sobre os paulistas. Os conflitos de interesses acabaram por tomar a forma armada, no episódio conhecido como a Guerra dos Emboabas.

Lavagem de Ouro em Minas Gerais. Desenho de Ferdinand Denis. BN/RJ

CAPÍTULO 20

A GUERRA
DOS EMBOABAS

O significado da palavra "emboaba" divide os estudiosos. Alguns afirmam que é um vocábulo tupi para designar os forasteiros, os inimigos. Outros sustentam que emboaba seria uma ave que tem as pernas cobertas de penas. Nas duas acepções, são claras referências aos portugueses, que usavam botas. A palavra serviu também para designar todos aqueles que não fossem paulistas, especialmente os baianos.

Desde os primeiros anos da mineração, eram intensas as comunicações com o sertão da Bahia, através do Rio São Francisco, em cujas margens surgiram as maiores fazendas de gado do século XVIII. Havia um intenso contrabando do metal. Um desses grandes fazendeiros, Manuel Nunes Viana, estabelecido em Caeté e dono de grandes extensões de terras no Vale do São Francisco, tornou-se o principal chefe dos emboabas.

Foi ele o coordenador da oposição às exigências dos paulistas à administração portuguesa. E passou a comandar, também, a reação às violências de que os paulistas eram acusados. Em 1706, a morte de um paulista na região do Rio das Mortes levou os moradores a pedirem garantias ao governador do Rio de Janeiro, que nomeou Pedro de Morais Raposo para o cargo de regente. Raposo era paulista, assim como Francisco do Amaral Neto, que foi designado Capitão-mor de Ouro Preto.

Em 1707, um incidente de pouca importância ocorreu em Caeté. Um português foi acusado pelo paulista Jerônimo Pedroso de Barros de roubar uma espingarda. Nunes Viana tomou as dores do acusado. As duas facções se exaltaram, Pedroso de Barros desistiu da acusação, mas ficaram latentes os ânimos de discórdia.

Logo em seguida, um filho natural do paulista José Pardo, homem rico e respeitado, assassinou um português e refugiou-se na casa de seu pai e patrão. Os emboabas exigiram a entrega do criminoso. Por ter ajudado o filho a fugir, José foi morto na porta de sua casa.

Começaram os boatos de que os dois lados planejavam massacres.

Os emboabas resolveram proclamar Nunes Viana governador de todas as minas até que Lisboa se pronunciasse a respeito. Como esse pronunciamento demorava a ser feito, o governador do Rio de Janeiro sustentou a autoridade do paulista Borba Gato, que intimou Nunes Viana a abandonar a região. Este reagiu dizendo que os causadores da desordem eram os paulistas.

Borba Gato escreveu, então, uma carta ao governador do Rio de Janeiro, datada de 29 de novembro de 1708, na qual denunciou as atividades de contrabandista exercidas por Nunes Viana, sustentando que ele também era responsável pelos tumultos.

Nunes Viana escreveu outra carta ao governador, com data de 30 de novembro, afirmando que era o principal interessado em paz.

Outro personagem de importância no episódio dos emboabas foi Francisco de Meneses, que se dizia sacerdote. O falso padre Meneses chegou a Sabará com o objetivo de controlar a distribuição de carne na região, e também o monopólio da aguardente e do fumo trazidos da Bahia. Suas intenções provocaram grande revolta entre os paulistas estabelecidos na região do Rio das Velhas. Meneses buscou o apoio de Nunes Viana e partiu para o Rio de

Janeiro, para pedir o apoio do governador Fernando de Lencastre ao pretendido monopólio.

Os paulistas, por sua vez, enviaram uma delegação à capital colonial e estavam dispostos a tratar do assunto diretamente com o rei em Lisboa. Isto não foi preciso porque o governador negou o pedido de Meneses e autorizou Borba Gato a reprimir qualquer tentativa de aumento de preços dos alimentos.

Os conflitos entre paulistas e emboabas começaram em Sabará, Caeté e Cachoeira do Campo, ganhando maiores proporções em 1708, quando Nunes Viana liderou ataques contra os paulistas, saindo vencedor.

O pior de todos os confrontos aconteceu em 1709, um sangrento massacre de paulistas no lugar que depois ficou conhecido como Capão da Traição. O episódio foi comandado por Bento do Amaral Coutinho, e dele não se conhece a data exata. Com base no inventário de um dos participantes da chacina, Basílio de Magalhães acredita ter ocorrido em 15 de fevereiro de 1709.

Derrotados, os paulistas recuaram para a zona do Rio das Mortes, perto de São João del Rey, preparando-se resistir e contra-atacar.

Nunes Viana enviou uma expedição comandada por Bento do Amaral Coutinho, com a missão de inicialmente cercá-los e, depois, expulsá-los. Os paulistas resistiram à primeira investida. Com a notícia de que viria um contingente mais numeroso, buscaram refúgio na mata, dispersando-se em pequenos grupos, e prepararam emboscadas.

Um desses grupos foi cercado por Amaral Coutinho, que intimou seus integrantes a se renderem e a entregarem as armas. Apesar de ter dado garantias de vida, traiu sua palavra empenhada e ordenou a execução sumária de dezenas de pessoas.

O padre Manuel da Fonseca contou:

"No dia seguinte, mandaram os cercados um volante com uma bandeira branca, pedindo bom quartel e prometendo entregar as armas. Concedeu-lhes Bento do Amaral o que pediam, mas faltando, como pérfido e cruel, tanto que os viu sem armas, deu ordem em altas vozes para que os matassem; e sem mais conselho, acompanhado dos escravos e ânimos mais vis daquele exército, ainda que com pena e repreensão das pessoas de maior suposição e qualidade que nele se achavam, fez um tal estrago naqueles miseráveis, que, deixando o campo coberto de mortos e feridos, foi causa de que ainda hoje se conserve a memória de tanta tirania, impondo àquele lugar o infame título de Capão da Traição".

O historiador Affonso Taunay discorda:

"Se os paulistas cercados e mortos fossem 300, os seus sitiadores deveriam ser, pelo menos, mais de mil. Ora, Álvares de Oliveira, testemunha presencial, afirma que a tropa comandada por Bento do Amaral Coutinho andava por 200 homens, número muito diverso dos mil de Vasconcelos e do padre Fonseca. Os emboabas do Rio das Mortes eram poucos e estavam dispersos, no dizer, ainda, de Álvares de Oliveira. Não poderiam, portanto, contribuir com muito reforço para a coluna de Coutinho. Em segundo lugar, estamos certos de que poucos brancos e homens de posição haveria entre os imolados pelo sanguinarismo de Bento do Amaral Coutinho. Devem ter sido os imolados humildes bastardos, carijós e tapanhunos, escravos e administrados do chefe da pequena manga apanhada".

Preocupado, em março de 1709, o governador Fernando de Lencastre viajou para os locais dos conflitos. Foi primeiro ao Rio das Mortes e, depois, a Congonhas, onde se encontrou com Nunes Viana.

Foi recebido com hostilidade e voltou amedrontado ao Rio de Janeiro. Em São Paulo era organizada a desforra, enquanto os emboabas enviavam Francisco de Meneses a Lisboa para tentarem obter diretamente de d. João V o que não haviam conseguido do governador do Rio de Janeiro.

Em 13 de abril de 1709, a Câmara da Vila de São Paulo elegeu Amador Bueno da Veiga comandante das forças paulistas que deveriam entrar na zona das minas e atacar os emboabas.

Em 11 de junho, foi empossado o novo governador do Rio de Janeiro, Antônio de Albuquerque Coelho de Carvalho, que chegou com a missão de apaziguar os ânimos.

Em agosto, Amador Bueno da Veiga partia de São Paulo, à frente de cerca de 1.300 homens, segundo seu biógrafo, padre Belchior de Pontes. Ao saber disso, Antônio de Albuquerque tomou o rumo de São Paulo, encontrando-se com Amador em Guaratinguetá. Tentou dissuadi-lo da luta. Não conseguindo, enviou emissários a Minas Gerais, avisando sobre o avanço paulista, o que permitiu que os emboabas se fortalecessem no Arraial da Ponta do Morro.

Os paulistas atacaram e cercaram a Ponta do Morro. Os combates terminaram com perdas de ambos os lados, tendo os paulistas abandonado o campo diante das notícias de chegada de grandes reforços vindos de Ouro Preto. Depois disso, o governador foi a Caeté, o reduto de Nunes Viana, encontrando-o em situação desfavorável. O líder emboaba havia perdido parte de sua tropa depois das derrotas sofridas em Mariana e em Guarapiranga.

Albuquerque cumpriu sua missão em novembro de 1709, quando foi promulgado um indulto geral para todos os envolvidos no conflito. Orientado por ele, o rei tomou a decisão que encerraria de vez a guerra, criando a Capitania de São Paulo e Minas Gerais e nomeando como primeiro governador o próprio Antônio de Albuquerque, que tomou posse em São Paulo, no dia 18 de junho de 1710. Em 30 de maio de 1711, os paulistas recuperaram suas lavras. E, em 11 de julho de 1711, a Vila de São Paulo foi elevada à categoria de cidade.

São Paulo e Minas Gerais continuariam unidos em uma mesma capitania até 21 de fevereiro de 1720, quando foi criada a Capitania das Minas Gerais e proibido o acesso dos paulistas às minas.

TEMPO DE ILUSÕES: trabalhadores da Light no tempo em que os parnaibanos acreditaram que a sorte da cidade ia virar. Nas outras fotos, o túnel, a barreira e o banquete no dia da inauguração da usina. Após três anos, os empregos acabaram

CAPÍTULO 21

A LENDA DA
SERRA DOS MARTÍRIOS

Depois da Guerra dos Emboabas e da perda do livre acesso às Minas Gerais, o imaginário paulista criou uma lenda. Os habitantes do Planalto de Piratininga e das vilas próximas, sobretudo a de Parnaíba de tantos bandeirantes, acreditavam que os Martírios fossem a mais fabulosa mina de todo o Brasil. Mas discutiam se ela ficava na região ao norte do Rio Araguaia ou a leste do Rio Cuiabá. Em ambos os casos, as rotas passavam por Parnaíba.

O caminho para o Rio Cuiabá podia começar em São Paulo e, através de Parnaíba ou de Jundiaí, os garimpeiros alcançavam Araritaguaba, onde se lançavam, por via fluvial, em direção ao Mato Grosso, percorrendo os rios Tietê, Paraná, Pardo, Coxim, Taquari, Paraguai e Cuiabá.

A viagem levava de cinco a seis meses, o dobro do tempo que um navio saído de Lisboa demorava para chegar ao Rio de Janeiro. Foi esse o roteiro percorrido por Pires de Campos. Já o caminho do segundo Anhanguera saía certamente de Parnaíba e, por Jundiaí, avançava por terra na direção de Goiás, tomando o rumo das nascentes do Rio Paranaíba. De lá, entre 1723 e 1725, em duas expedições, Bartolomeu Bueno da Silva, o filho, perambulou entre as cabeceiras do Tocantins e do Araguaia.

Esses roteiros refaziam e estendiam os percursos de duas bandeiras saídas de Piratininga, nos idos de 1673: uma era comandada por Manuel de Campos Bicudo, e a outra, pelo primeiro Anhanguera. Nelas seguiam também os filhos dos bandeirantes: Antônio Pires de Campos, na época com doze anos; e Bartolomeu Bueno da Silva, o segundo Anhanguera, com catorze anos.

Diz a lenda que, depois de alcançar o Cuiabá, a bandeira de Campos Bicudo continuou em direção nordeste, alcançando paragens desconhecidas, onde, às margens de um rio caudaloso que corria nas fraldas de uma serra alta, foram surpreendidos por uma fortíssima tempestade, cujos raios revelavam rochedos cujas formas eram os instrumentos empregados pelos romanos no martírio de Jesus Cristo: cravos, lanças, martelos, pregos, escudos e uma coroa de espinhos.

Ao cessar a tempestade, prosseguiram a marcha e encontraram índios adornados de prata, muita prata... Inquiridos, os índios informaram que o metal provinha da serra que ficava "depois da chuva". Por mais que se esforçassem, os homens de Campos Bicudo não conseguiram alcançar a tal elevação. E tiveram que retornar. Ao regressar, cruzaram com a bandeira de Bartolomeu Bueno da Silva, o pai.

Nesta oportunidade, os dois meninos, filhos dos chefes bandeirantes, teriam trocado confidências e jurado encontrar, algum dia, a Serra dos Martírios.

CAPÍTULO 22

O MORGADO
E A DECADÊNCIA

O declínio político e econômico de Parnaíba teve início com a mineração. Apesar do grande número de parnaibanos envolvidos na corrida do ouro, a vila perdeu a condição de entreposto distribuidor de índios, pois o trabalho nas minas passou a ser feito principalmente pelos escravos africanos.

Os destemidos parnaibanos selaram a própria sorte. As vilas que fundaram pelo Brasil afora progrediam rapidamente e as bandeiras não eram mais necessárias. O ouro que existia em Parnaíba, no Voturuna e no Rasgão, era pouco. Minas Gerais era, ainda, o centro das atenções. Quanto a São Paulo, capitania pobre, não tinha nem de longe a importância da Bahia ou de Pernambuco, com seus engenhos açucareiros.

Paulistas e parnaibanos eram guerreiros e desbravadores, expandiram as fronteiras do país, mas isto não trouxe riqueza para seu torrão natal. Curiosamente, eles haviam ido tão longe que ignoravam o potencial das próprias terras. Um bom exemplo era o fato de que, antes do início do século XX, as selvas que margeavam o Tietê não foram exploradas além da região de Botucatu.

Mapas de 1900 e 1910 ainda mostravam o oeste paulista como "território desconhecido e povoado por índios". Tudo isto era originalmente, em teoria, território da Vila de Parnaíba. Com exceção da região a leste das atuais cidades de Atibaia e Bragança Paulista, ou seja, o Vale do Paraíba, incluindo estas duas cidades, todo o resto do atual estado de São Paulo era parte do território parnaibano em 1625.

A capitania, que chegou a englobar os atuais estados de Mato Grosso, Mato Grosso do Sul, Goiás, Tocantins, Minas Gerais, Paraná e boa parte do oeste de Santa Catarina, perdeu Minas Gerais, sua parte mais rica. As consequências foram terríveis: em 1748, a capitania foi extinta e incorporada à do Rio de Janeiro. Os jesuítas, acusados de construir uma "colônia dentro da colônia", foram expulsos definitivamente do Brasil e de todo o Império português em 1759, pelo Marquês de Pombal.

Apenas em 1765, a capitania de São Paulo foi restaurada. E a chegada do governador Luís Antônio de Souza Botelho Mourão, o Morgado de Mateus, um homem de muita visão, contribuiu decisivamente para a mudança de enfoque. Ele ficou dez anos no cargo, incumbido de fundar o maior número possível de povoados na capitania e estimular algo que existia precariamente: a atividade agrícola.

Com a restauração, São Paulo conservou uma parte muito pequena de seu território original: foram desmembrados os territórios que correspondem, hoje, a Mato Grosso, Mato Grosso do Sul e Goiás. O atual Paraná era um imenso deserto verde. A Vila de São Paulo foi mantida como capital.

Parnaíba é que não tinha como se recuperar. Vila decadente de uma capitania pobre, dependente agora de São Paulo, passou a viver das lembranças de um passado glorioso. Tornou-se mero ponto de passagem e, em pouco tempo, nem mesmo isso, pois se tornaria uma rota secundária. Nem porto fluvial era, pois o mais próximo ficava em Araritaguaba, o atual município de Porto Feliz.

Uma das claras mostras da hibernação de Parnaíba no final do século XVIII e início do XIX é a escassez de informações relevantes nesse período. A sobrevivência da antiga vila dos bandeirantes pode ser atribuída, curiosamente, ao orgulho de seu passado e tradições que os parnaibanos conservaram.

O governo do Morgado de Mateus foi decisivo para a recuperação de São Paulo e sua inserção na economia do século XIX, mas as decisões adotadas prejudicaram Santana de Parnaíba, acentuando ainda mais sua decadência. Com a fundação de Campinas, abriu-se uma nova rota de penetração que anulou Parnaíba e Itu como pontos de passagem. A vila voltou a ser parte do sertão e, sem o movimento de antigamente, tornou-se local seguro para os desertores, aqueles que fugiam dos recrutamentos necessários à manutenção do presídio de Nossa Senhora dos Prazeres do Iguatemi, uma das instituições criadas pelo governador.

FAMÍLIAS ILUSTRES: acima, foto dos anos 1950 em que aparecem, entre outros, o vereador Pedro Sant'Anna, Alcides Pontes, Zé Palito, seu Hidalgo, Quinzinho, seu Nicola, Yamuri, Totó e Quilininho Moraes; abaixo, as famílias do major Castro, no início do século XX, e de Juvenal Chaves de Oliveira, na década de 1930 (foto à direita)

CAPÍTULO 23

AVENTURAS DO
TENENTE-CORONEL POLICARPO

A única vantagem que uma cidade passa a ter no momento em que perde importância política, e sofre um processo irreversível de esvaziamento econômico — que geralmente culmina com a migração em massa de seus habitantes para outros núcleos urbanos mais promissores — é a de ganhar, em troca, mais sossego. Porém, nem mesmo isso aconteceu na Vila de Parnaíba depois da restauração da Capitania de São Paulo pelo governo de Luís Antônio de Souza Botelho Mourão, o Morgado de Mateus.

E a culpa foi, em parte, dos conflitos de fronteira, dos frequentes ataques às reservas indígenas dirigidas por jesuítas castelhanos no sul da colônia. Essas guerras exigiam a necessidade constante de recrutamento. Nem todos os parnaibanos, porém, estavam dispostos a servir à monarquia portuguesa. Muitos preferiam desertar a ter que participar dos banhos de sangue que aconteciam no sul. Observe-se que os sentimentos nacionalistas explodiram na última metade do século XVIII, sobretudo numa das muitas cidades brasileiras que devem sua existência aos bandeirantes parnaibanos — a Vila Rica dos inconfidentes, hoje Ouro Preto.

A vida em Santana de Parnaíba poderia ter sido bem calma, ainda assim, naquele período, se não fosse outro fator de intranquilidade: a polêmica causada pelos desmandos, fraudes, arbitrariedades e escândalos atribuídos a um certo Policarpo Joaquim de Oliveira durante os dez anos em que praticamente mandou sozinho na vila, com o respaldo do governador da época.

Policarpo era tenente-coronel da Cavalaria Auxiliar dos Dragões de São Paulo, homem de confiança do Morgado de Mateus em Parnaíba, caído em desgraça quando o governador que povoou a capitania e incentivou a agricultura foi substituído pelo capitão-general Martim Lopes Lobo de Saldanha, no ano de 1775.

Mau católico de vida desregrada, homem extremamente violento e cruel, supostamente responsável por atos de tortura moral contra pessoas de bem, falsário e golpista — o rosário de acusações contra o tenente-coronel Policarpo não tem fim e, sob esse fogo cerrado, o antigo colaborador do governador mais importante daquele período acabou confinado na pior de todas as prisões paulistas, a fortaleza de Santos.

Da farta documentação (*leia mais no apêndice*) contra Policarpo Joaquim de Oliveira, este livro procurou reproduzir o que havia de mais importante. Documentos favoráveis não existem além da carta que Policarpo enviou a Lisboa, na tentativa de explicar-se ou de enganar a rainha Maria I e seus conselheiros. A seu favor, apenas a certeza de que, depois de insistentes apelações à Coroa portuguesa, o tenente-coronel finalmente foi libertado de sua prisão.

Ao sair da fortaleza de Santos, ele poderia ter fugido para qualquer parte do reino e, ainda mais naquela época, nunca mais seria encontrado. No entanto, culpado ou inocente, o temido e satânico Policarpo optou por partir de peito aberto para Lisboa, a fim de contar sua versão diretamente às Cortes e ao Conselho Ultramarino.

Levando-se em conta a gravidade de acusações, como a de ser mau católico e viver cercado de amantes, e o fato de ainda existir uma Inquisição cheia de poderes em Portugal, essa viagem pode ser interpretada, no mínimo, como um ato de coragem extrema. Leve-se em consideração, por exemplo, que o Morgado de Mateus, ao sair do governo, perdeu o prestígio que um dia desfrutara. Prestígio que detinha em função do poder ilimitado do Marquês de Pombal durante o reinado de d. José I (*).

O fato é que sua viagem para prestar contas foi muito bem-sucedida. Policarpo voltou ao Brasil, retomou sua patente e as últimas notícias a seu respeito são as de ter organizado uma exemplar operação de recrutamento e de ter cumprido ordens de marchar para o Rio Grande do Sul, no comando de uma expedição de cem homens que saíram em socorro de tropas que lutavam contra os castelhanos. Operação que, aliás, também teria obtido êxito.

As acusações que lhe foram feitas estão resumidas na carta, datada de abril de 1780, que o então governador Lobo de Saldanha enviou ao Conselho Ultramarino.

Logo no início, o autor da carta acusa o réu de ter avaliado por valor baixo e adquirido uma fazenda em Araçariguama, que pertenceu aos jesuítas (expulsos da capitania e mais tarde de todo o Império) e cujo valor real seria o dobro daquele que foi declarado.

(*) *Em 1780, durante o reinado de dona Maria I, o Santo Ofício havia se revigorado ainda mais em consequência do ostracismo de Sebastião José de Carvalho e Melo (1699-1782), o Marquês de Pombal, a quem o Morgado de Mateus era politicamente ligado. Pombal, ministro de d. José I, perdeu o poder em 1777, com a morte do rei que o transformara no homem mais poderoso de Portugal. Mais lembrado por ter expulsado os jesuítas do reino, o Marquês de Pombal foi, também, o governante moderno que saneou as finanças portuguesas e enfrentou os sacerdotes sedentos de sangue que integravam a Inquisição. Estes voltaram ao centro do poder político em Lisboa, do qual seriam novamente expulsos somente em 1821, de forma definitiva e para o bem da humanidade.*

Em seguida, a denúncia de que Policarpo não se comportava como bom cristão. Ao contrário, era acusado de "viver sordidamente amancebado", levando uma vida de devassidão e obrigando "pessoas honestas e recolhidas" a comparecerem às festas e bailes que promovia, pelo temor que inspirava a homens e mulheres de Parnaíba.

Outra acusação séria contida na carta: a de ter mandado construir uma forca para simular execuções, que só não eram levadas a cabo diante das súplicas do sacerdote que acompanhava o suposto criminoso. Uma vez livre do enforcamento, a vítima era açoitada em público, fato que, segundo Lobo de Saldanha, provocava "constante aflição em toda a população da Vila de Parnaíba".

Obrigar homens livres a trabalhar como escravos em benefício próprio, invadir terras alheias e, uma das piores denúncias, a de ter mandado prender mulheres de boa reputação. Nada de bom era atribuído ao tenente-coronel Policarpo em dez anos de administração.

Tantos crimes e todos impunes porque, na época em que foram cometidos, acrescenta o governador Lobo de Saldanha em seu libelo, "o tenente-coronel Policarpo gozava da proteção do Morgado de Mateus". Com base no que escreveu, o governador pediu e foi atendido em seu desejo de encarcerar o polêmico militar.

Na carta, precavendo-se da possibilidade de outras autoridades saírem em defesa de Policarpo, Lobo de Saldanha antecipou que o ouvidor de São Paulo não seria pessoa indicada para testemunhar no caso, tendo em vista que um cunhado do tenente-coronel trabalhava como escrivão da Ouvidoria.

Por fim, o governador pede uma devassa na vida do militar para que os crimes que praticou não ficassem sem punição.

Em resposta a essas acusações, Policarpo enviou uma súplica à rainha de Portugal, Maria I (mãe de d. João VI, e que no futuro seria chamada "Maria, a Louca"), argumentando ter servido ao estado com o maior zelo e satisfação, e com muitos esforços e despesas próprias, no objetivo de manter a paz e a prosperidade dos povos da Vila de Parnaíba.

Afirmou, ainda, que intrigas e paixões particulares, descrevendo-o como um homem perturbador e facinoroso, indispuseram o governador Lobo de Saldanha contra ele. Argumentou que, em seu zelo e disposição de fazer cumprir a lei e vigiar os interesses da Coroa, não poderia deixar de fazer muitos inimigos, que aproveitavam a situação para se vingarem. E que estes haviam convencido o governador, que, injusta e ilegalmente, o havia enviado para a fortaleza santista, o mais rigoroso e duro cativeiro de toda a capitania.

Sustentou, ainda, que foi mantido preso irregularmente, sem formalidades de justiça, pois não se formara juízo, não foram declarados seus delitos e crimes nem lhe fora permitida qualquer defesa. Terminava considerando que "não seria das retas e pias intenções da rainha à qual servia que se mantivesse oprimido e, assim, se arruinasse a vida e a carreira de um fiel vassalo, varão pertencente às consideráveis famílias daquela Vila de Parnaíba, onde era estabelecido com mulher e filhos, onde havia desempenhado e desvelado no Real Serviço sem jamais receber qualquer soldo, antes fazendo à propria custa toda e qualquer diligência de que fosse encarregado".

E encerrou reiterando que os delitos atribuídos não passariam de manobras vingativas de inimigos e, sendo assim, que Sua Majestade ordenasse ao governador Francisco da Cunha e Menezes, sucessor de Lobo de Saldanha, que lhe devolvesse a liberdade, impedindo com tal gesto que "a malevolência de um só homem triunfasse sobre a inocência e a justiça".

Quando o governador Cunha e Menezes assumiu o cargo, em 1782, a sorte de Policarpo começou a mudar. A ordem de soltura chegou ao Brasil e o tenente-coronel embarcou no primeiro navio para Lisboa. Pouco tempo depois, estava de volta e ninguém mais o incomodou.

CAPÍTULO 24

O REGENTE FEIJÓ

o dia 19 de setembro de 1837, o jovem imperador d. Pedro II recebeu uma carta com o seguinte teor:

"Ilmo. Excelentíssimo Sr.

Estando convencido de que a minha continuação na Regência não pode remover os males públicos, que cada dia se agravam pela falta das leis apropriadas, e não querendo de maneira alguma servir de estorvo a que algum cidadão mais feliz seja encarregado pela Nação de reger seus destinos, pelo presente me declaro demitido do lugar de Regente do Império, para que V. Ex.ª encarregando-se interinamente do mesmo lugar, como determina a Constituição política, faça proceder a eleição de novo regente na forma por ela estabelecida.

Rogo a V. Ex.ª queira dar publicidade a este ofício, e ao manifesto incluso. Deus guarde a V. Ex.ª muitos anos".

Assim, o padre Diogo Antônio Feijó despediu-se da vida pública, depois de ocupar durante seis anos as mais importantes funções políticas e administrativas do Segundo Reinado, no período em que o Imperador era apenas um menino. Nascido em 3 de agosto de 1784, na cidade de São Paulo, filho de pai e mãe que não conheceu — fato que repetia constantemente —, tornou-se sacerdote e professor, exercendo as duas carreiras em Guaratinguetá, Itu, Campinas e em Santana de Parnaíba, onde chegou com pouco mais de vinte anos de idade e foi fortemente influenciado pelo sentimento de brasilidade que a vila sempre respirou.

Mas foi na vizinha Vila de Itu, originalmente parte do território parnaibano, que o padre Feijó começou a se envolver na política. Eleito em 1821 representante brasileiro nas Cortes portuguesas, que pretendiam devolver ao Brasil, depois de servir de metrópole do Reino, o *status* de colônia, Diogo Feijó se recusou a assinar a Constituição de Portugal, passando a defender a criação de uma nova pátria.

No ano seguinte, era proclamada a Independência do Brasil, e em 1826, o padre Feijó foi eleito novamente deputado pelo Partido Liberal. O destemido sacerdote passou a fazer oposição a d. Pedro I. Com a renúncia do primeiro imperador brasileiro, em 1831, sendo o filho e sucessor de d. Pedro I uma criança, Feijó foi escolhido como um dos integrantes da Regência Trina e assumiu o Ministério da Justiça. Nesse cargo, foi o responsável pela criação da Guarda Nacional, que tinha o objetivo de reduzir o poder do Exército, formado por oficiais portugueses.

Depois de um período como senador pelo Rio de Janeiro, foi eleito Regente Uno em 1835, com mandato de quatro anos. Permaneceu no cargo durante dois anos marcados por revoltas que abalaram o Império — a Cabanagem, no Pará; a Insurreição dos Malês, na Bahia; e a Guerra dos Farrapos, no Rio Grande do Sul. Inflexível, reprimiu à força esses movimentos, o que lhe custou a antipatia de grande parte da população.

Apesar de autoritário, suas ideias eram avançadas. Cinquenta anos antes da assinatura da Lei Áurea, o padre Feijó já defendia a abolição da escravatura, provocando a ira da aristocracia agrária. "Conservar homens escravos é uma vergonhosa contradição com os princípios liberais que professamos", dizia. Preso em 1842, por participar da Revolução Liberal, Diogo Feijó morreu doente, no ano seguinte, em São Paulo.

NO FUNDO DO BAÚ:
Juca Pacote e seu
cavalo; o maestro da
Corporação Santa
Cecília, Pilade Risonho
Salvador, com seu
bombardino; e a família
Salvador nos anos 1930

CAPÍTULO 25

MANECO MÚSICO
E SEU FILHO TONICO

odos o conheciam pelo apelido de Maneco Músico. Mulato nascido em 1792 na Vila de Parnaíba, Manuel José Gomes era filho de uma escrava chamada Antônia Maria e de pai branco desconhecido. Desde cedo demonstrou vocação artística, por influência do padre José Pedroso de Morais e Lara. Além de rico proprietário de terras, o padre Lara era, também, o mestre de capela da vila, ou seja, compositor e regente de hinos e cânticos executados durante as missas e demais cerimônias religiosas de acordo com os preceitos da Igreja Católica.

Maneco viveu dez anos como agregado do padre Lara, que ao morrer, em 1808, foi substituído pelo ex-escravo Floriano. O novo mestre de capela o escolheu como seu auxiliar, mas Maneco envolveu-se numa briga com gente importante e teve que sair de Parnaíba. Foi viver na Vila de São Carlos, atual Campinas, onde adotou o sobrenome Gomes, de seu padrinho de batismo, e se casou com uma moça da localidade.

O casamento não deu certo e o rapaz seguiu, então, para São Paulo, voltando somente em 1815. Começou uma nova vida na antiga Campinas, onde conseguiu o emprego que tanto desejava, o mesmo ofício que aprendeu com o padre e com o ex-escravo. Casou-se pela segunda vez e de sua prole saíram mais dois músicos e compositores — José Pedro Sant'Anna Gomes e, o mais famoso, o maestro Antônio Carlos Gomes, que nasceu em 1836.

Carlos Gomes, que era chamado de Tonico, também despertou cedo para a música, aprendendo a tocar vários instrumentos com seu pai, um homem de hábitos severos que ele admirava e respeitava. O futuro autor da ópera *O Guarani* ajudou na banda do pai, tocando com o irmão, que ficou conhecido como Sant'Anna Gomes, nas igrejas e em festas familiares, para ganhar algum dinheiro.

Aos quinze anos, Tonico já compunha valsas, polcas e quadrilhas. Aos dezoito anos, dedicou ao pai, Maneco Músico, sua primeira missa. Aos vinte anos, ensinava piano e canto. Aos vinte e três, fez sua primeira apresentação oficial ao público, executando sua fantasia *Alta Noite*, que, de acordo com relatos da época, recebeu aplausos ensurdecedores. Na plateia estavam vários alunos da Faculdade de Direito de São Paulo que, entusiasmados com a beleza da composição e com os arranjos, convidaram os irmãos Gomes para se apresentarem na capital da província.

Certo de que tinha que buscar seu destino fora da terra natal, mas com medo de causar desgosto ao pai que tanto amava, Carlos Gomes fugiu para o Rio de Janeiro. No entanto, com remorsos, escreveu uma carta para seu maior mestre, Maneco Músico:

"Uma ideia fixa me acompanha como o meu destino! Tenho culpa, porventura, por tal cousa, se foi vossemecê que me deu o gosto pela arte a que me dediquei e se seus esforços e sacrifícios fizeram-me ganhar ambição de glórias futuras? Não me culpe pelo passo que dei hoje (...) Nada mais lhe posso dizer nesta ocasião, mas afirmo a vossemecê que as minhas intenções são puras e espero desassossegado a sua bênção e o seu perdão".

A resposta não tardou. Numa carta longa em que reafirmou sua autoridade, Manuel José Gomes não só o perdoou como passou a enviar 30 mil réis por mês para ajudar o filho a se manter na cidade grande.

"Que Deus te abençoe, meu filho, e te conduza próspero avante pelo árduo caminho da glória que vais percorrer. Trabalha sem descanso, e, meu filho, sê feliz, muito feliz! Teu pai".

No Rio de Janeiro, depois de ser apresentado ao Imperador em pessoa, ganhou de d. Pedro II a matrícula no Conservatório Nacional de Música, onde diplomou-se com louvor e passou a compor óperas. Novamente ajudado pelo Imperador, Carlos Gomes foi estudar na Itália. Resolvido a compor uma peça que tratasse de um tema autenticamente brasileiro, estreou *O Guarani* no Teatro Scala, de Milão, no ano de 1870, e recebeu elogios dos críticos musicais mais exigentes, que chegaram a compará-lo a Giuseppe Verdi. Outro grande momento da vida de Carlos Gomes foi a composição da ópera *O Escravo*, apresentada oito anos antes da abolição da escravatura.

Mas a importância do grande parnaibano Manuel José Gomes não se restringe ao fato de ter sido o pai do grande maestro. Depois que o filho Carlos ganhou o mundo, Maneco Músico e seu outro filho, Sant'Anna Gomes, compuseram peças importantes para vários instrumentos e se destacaram também como regentes, pesquisadores e divulgadores de obras esquecidas de autores do acervo sacro brasileiro. Se hoje existe em Santana de Parnaíba um verdadeiro culto à memória histórica e artística nacional, solidificado com as vitórias obtidas pelo Projeto Oficina-Escola, esse sentimento deve muito ao mulato Maneco, pai de um gênio chamado Tonico.

O TREM QUE
PASSOU LONGE:
na foto acima,
sentado na primeira
fila, o governador
Rodrigues Alves,
futuro presidente da
República; abaixo,
sentado ao centro,
o prefeito de São
Paulo, Antônio
Prado, de origem
parnaibana. Na
terceira foto, os
operários e o trem

CAPÍTULO 26

O CAFÉ
E O TREM

No princípio do século XIX, Santana de Parnaíba era ainda o centro administrativo de vasta área territorial que compreendia, ainda, as freguesias de Araçariguama, São Roque e Una, e as capelas de Conceição do Voturuna, Nossa Senhora da Escada de Barueri, Nossa Senhora da Piedade e Pirapora do Bom Jesus. De acordo com a dissertação de mestrado de Naira Morgado, *O Espaço e a Memória: Santana de Parnaíba*, o prestígio religioso de Pirapora — cujas romarias chegavam a reunir mais de oito mil pessoas — era favorável a Parnaíba, local obrigatório de passagem dos romeiros e centro administrativo que recolhia diversos impostos.

Como já vimos, as vilas, depois cidades de Santana de Parnaíba e São Paulo haviam perdido muito da importância que tiveram no período colonial. No início do século XVIII, a prosperidade da província paulista se resumia às cidades do Vale do Paraíba, beneficiadas pelo desenvolvimento trazido pela cultura do café.

Mesmo assim, a cultura cafeeira paulista não alcançava a expansão e a pujança das fazendas da vizinha Província do Rio de Janeiro, onde o plantio começou muito antes, por iniciativa do Marquês do Lavradio, e se estendia a todos os campos fluminenses e até mesmo às matas cariocas da Floresta da Tijuca.

No entanto, o tempo mostrou que a qualidade do solo paulista era bastante superior à da terra fluminense, principalmente para o cultivo de café. As outras vilas, distantes do Vale do Paraíba, eram menores e recentes, como as de São Carlos (Campinas), Araraquara, Constituição (Piracicaba), Mogi-Mirim e Franca do Imperador.

À medida que o café foi avançando rumo ao norte e ao oeste da província, entretanto, cidades que já existiam foram crescendo e outras foram surgindo. Nesse caminho se beneficiaram Atibaia, Bragança e Amparo, entre outras.

Em meados do século XIX, o café chegava a Campinas, Jundiaí, Mogi-Mirim e São Carlos do Pinhal, ao mesmo tempo que o seu desenvolvimento atraiu a gente mineira — invertendo a epopeia bandeirista —, que desceu para o sul e colonizou parte dos vazios de São Paulo e do Paraná.

E assim eram fundadas novas cidades, simultaneamente à expansão das linhas ferroviárias, que avançaram ainda mais a partir do ano de 1868, quando a São Paulo Railway (depois chamada de Estrada de Ferro Santos-Jundiaí) já estava pronta e a Companhia Paulista de Estradas de Ferro estava se constituindo.

Logo depois, no início dos anos 1870, a formação de outras ferrovias, como a Mogiana, a Sorocabana e a Ituana, acabou por propiciar a fundação de outras cidades, como Ribeirão Preto, Leme, Porto Ferreira e muitas outras. A Guerra do Paraguai também contribuiu para o crescimento da Província de São Paulo: as idas e vindas de tropas para o Mato Grosso, na região invadida que hoje é parte do estado do Mato Grosso do Sul, faziam com que cidades se desenvolvessem, prestando apoio logístico às tropas, sobretudo com sua agricultura.

Havia, entretanto, exceções. E Parnaíba, infelizmente, foi uma delas: a guerra somente fez com que a cidade se esvaziasse ainda mais por causa do alistamento de cidadãos — que eram braços para a lavoura — nas tropas da Guarda Nacional. No Rio Tietê surgiram duas colônias militares — uma no médio Tietê (Avanhandava) e outra na sua foz (Itapura).

A agora pequena Parnaíba vivia apenas de histórias do passado e da quase fictícia influência política de descendentes de velhas famílias tradicionais, como os Leite Penteado, por exemplo. Era essa influência que provavelmente manteve a cidade ainda como município grande sem perder as suas vilas que mais se desenvolviam.

No início do século XIX, Parnaíba havia anexado a freguesia de Aldeia de Barueri. Desde a separação das vilas de São Paulo e de Parnaíba, em 1625, Barueri era foco de disputas territoriais pelas duas jurisdições, devido provavelmente à dificuldade de se estabelecer divisas claras naquela época. A anexação não evitou que, ainda nos anos 1870, alguns almanaques de São Paulo continuassem a se referir à localidade como parte da capital.

Tais influências, entretanto, não evitaram a perda de São Roque, que ganhou autonomia a partir de 1832, e de Araçariguama, em 1844, esta anexada a São Roque. Pirapora, apesar de mais desenvolvida por causa da capela dedicada à imagem do Senhor Bom Jesus, e já de longa data centro de romarias, apesar da enorme dificuldade de ser atingida por causa das péssimas estradas da época, continuaria ainda sob jurisdição parnaibana. A fé do povo sempre foi capaz de remover montanhas.

À época da Independência do Brasil, em 1822, a igreja da matriz estava reformada havia quase dez anos. A reforma tinha sido necessária, pois o prédio estava em péssimo estado. A cidade se agitava apenas quando chegavam as notícias que davam conta da elevação do Brasil a Reino Unido (1815), da coroação de d. João VI (1816) e da volta do rei a Portugal (1821), o Fico e a Independência (1822).

Em 1836, o município contava pouco mais de 4 mil habitantes, entre brancos, índios, mestiços e escravos. Ainda englobava uma área grande, com Araçariguama, Pirapora, Voturuna, Aldeia de Barueri e outros lugarejos. A agricultura se resumia às culturas de milho, café, feijão, arroz, cana-de-açúcar e algodão, além da criação de gado. Apenas 149 pessoas eram alfabetizadas — o que, para a época, não era tão pouco assim — e somente trinta e um alunos aprendiam no equivalente ao atual Ensino Fundamental.

Parnaíba, como sabemos, havia deixado de ser zona de fronteira. A boca de sertão já estava bem longe da vila na segunda metade do século XIX. Para o sul, Itapetininga e as cidades próximas à fronteira com a Província do Paraná — esta criada a partir da quinta comarca da Província de São Paulo, em 1853, e que englobava na época apenas dois municípios com áreas muito extensas, Curitiba e Paranaguá — já eram lugares prósperos. Mais para o oeste, Botucatu, Lençóis, Espírito Santo da Fortaleza (núcleo originário de Bauru). Ao norte, Rio Preto (São José do Rio Preto) já aparecia como posto avançado desde meados do século XIX, mesmo sem um acesso fácil, e o nordeste — região de Araraquara, Ribeirão Preto e Franca — já era colonizado rapidamente pelos mineiros e pelos cafezais.

A decadência do velho reduto bandeirante, já bem notada no início do século XIX, acentuou-se mais ainda já antes do problema de perda de braços para a Guerra do Paraguai. O desenvolvimento dos engenhos de açúcar em cidades mais à frente, como Itu, Porto Feliz e Capivari, fez com que a estrada de ligação com essas cidades, que passava por Parnaíba, fosse desviada para caminhos mais curtos e diretos, isolando a vila.

É curioso notar que, entre 1830 e 1850, a cultura de açúcar, que não era tão pequena assim em Parnaíba, caiu substancialmente. Existiam na cidade, em 1837, pelo menos trinta e cinco engenhos de açúcar e dez fazendas de criação de animais. E ainda se plantava café.

Vinte anos depois, o café praticamente desapareceu e a produção de açúcar existia apenas para atender as necessidades locais.

Todas as descrições da cidade de Parnaíba durante o século XIX, e pelo menos até os anos 1970, mostram uma cidade extremamente pobre, com pouquíssimos habitantes e vivendo mal e mal da agricultura de subsistência.

Para piorar a situação, a linha do trem cercou Parnaíba a partir de 1867, mas não chegou a ela. A nordeste, a São Paulo Railway, conhecida como Ingleza, passava alguns metros a leste do Rio Juqueri, que corria ao lado da linha, fazendo a divisa de Parnaíba com o município de Juqueri. Neste, estavam a poucos metros do território parnaibano as estações de Caieiras e de Juqueri (hoje Franco da Rocha).

A partir de 1875, a Sorocabana cortaria o sul do município de Parnaíba, construindo ali a estação de Barueri, mais próxima do centro da vila, porém, a quatro léguas de distância. Era mais fácil ir da capital paulista a Parnaíba pela estrada de Itu do que tomando o trem e descendo em Barueri para, ali, pegar um trole. De Perus ou de Caieiras, então, nem se fale...

Parnaíba ainda sofreu o infortúnio de não dar seu nome nem mesmo à estação local da Sorocabana. Era costume das ferrovias batizar pelo menos uma das estações que passavam por determinado município com o nome da vila. Barueri tinha junto a ela a velha aldeia indígena de mesmo nome. Essa estação ferroviária, que não ficava tão próxima à aldeia, foi o núcleo do atual município de Barueri.

A estação seguinte da Sorocabana se chamava Cotia — embora Cotia estivesse tão longe dali quanto Parnaíba de Barueri. Não havia núcleo nenhum junto a ela. Mas, em volta dessa pequena parada se formou a atual Itapevi, que tomou o nome da nova cidade apenas setenta anos depois. Para encerrar, a Ituana construiu em 1873 uma linha unindo Jundiaí a Itu, e a Cia. União Sorocabana e Ytuana — sua sucessora — juntou Itu a Mairinque em 1897. Um enorme anel ferroviário em volta de Parnaíba deixava a vila longe de todos os trilhos e, como consequência, naquele final de século XIX, longe do progresso.

Parnaíba passou aquele século lentamente, acompanhando de longe o desenvolvimento da província da qual fazia parte. Desenvolvimento que se acelerou a partir dos anos 1860. Os motivos, alguns já citados: a Guerra do Paraguai e principalmente a cultura do café, seguida do aumento da facilidade de transporte de grãos para o porto de Santos, devido ao aparecimento das estradas de ferro na província, a partir de 1867.

Mas a semente havia sido plantada cem anos antes: quando a Capitania de São Paulo foi restabelecida em 1765, era governador o Morgado de Mateus. Ele teve a ideia de revitalizar a quase extinta cultura de açúcar de forma a torná-la exportável para o resto do mundo. Era uma "medida de choque" para revitalizar uma capitania paupérrima e mais pobre ainda com o interregno de quase vinte anos de abandono. Com isso, como já vimos em capítulos anteriores, o Morgado de Mateus deu condições de maior povoamento a quase metade do estado atual, tornando possível a passagem para a cultura de café no oeste paulista, pois já havia gente e terras abertas para isso, sem a necessidade de investimentos vultosos nos anos seguintes, quando o café foi se transferindo do Vale do Paraíba para Campinas e Rio Claro, via Bragança e Amparo.

O que atrapalhava seus planos era a péssima comunicação do planalto com a baixada. Trinta anos depois (1792), o governador Bernardo José de Lorena construiu a famosa Estrada do Lorena, que deu condições muito boas para o transporte de mercadorias do planalto até o Porto de Santos. Mas havia limitações (embora essa estrada na época fosse comparada pelos próprios europeus como uma das melhores do mundo, dadas as dificuldades do trecho da serra escarpada) e uma dessas limitações era que a estrada somente dava passagem a animais e pessoas, não a carros que pudessem ser tracionados por animais.

A ligação por terra Cubatão-Santos (a estrada terminava em Cubatão) somente seria entregue em 1827 (a ligação por rio era péssima para o transporte de açúcar). Por fim, a nova ligação planalto-serra, a estrada da Maioridade, entregue nos anos 1840, era melhor que a do Lorena, mas foi pouco usada, atropelada pela ferrovia pouco depois.

Os anos 1860 cristalizaram os caminhos do grande futuro da província. Sem café e sem trem, Santana de Parnaíba por pouco não se transformou numa cidade fantasma.

A BANDA TOCA: em épocas diferentes, imagens dos músicos parnaibanos. No alto da página, a inauguração do coreto em 1898; quase cem anos depois, a Corporação Santa Cecília, em 1980; e uma apresentação em Pirapora nos anos 1930

CAPÍTULO 27

O CEMITÉRIO
E O CORETO

Igreja caindo aos pedaços, inauguração de cemitérios, o bonde que nunca vinha, um padre corrido da cidade, o correio que demorava a passar... O século XIX passou por Santana de Parnaíba sem deixar saudades. Durante anos a fio, a falta de notícias sobre a orgulhosa sesmaria de Suzana Dias e André Fernandes constrangia os parnaibanos.

Os primeiros cinquenta anos foram os mais áridos. A cidade tinha como espaço público mais animado a Várzea de São Bento, porque era naquele local que funcionava a escola de primeiras letras e o ponto da lavagem das roupas nas bicas de água. As crianças aprendiam a ler e os escravos de seus pais trabalhavam a poucos metros do mosteiro quase abandonado e da capela de Santa Cruz.

A documentação sobre as últimas cinco décadas do século XIX foi um pouco mais farta, mas nem tanto. Em 1854, era aberto o primeiro cemitério da cidade, tão pequeno e malcuidado, que foi preciso inaugurar um novo campo santo, em 1891. E nem havia tantas almas para serem enterradas, porque os jovens de famílias com mais posses tratavam logo de terminar os estudos em São Paulo e por lá mesmo ficavam, trabalhavam, casavam e morriam.

Em 1864, um visitante da cidade descreveu seu estado de abandono de forma pungente:

"Achei a velha Parnaíba muito triste. A igreja está toda roída de velhice, a torre é cotó e o frontispício nem cruz tem. As casas e as ruas... melhor é não se falar!".

Até o correio, que antes passava de cinco em cinco dias, agora só aparecia de dez em dez dias, quando passava.

A impressão sobre o aldeamento de Barueri, quase na mesma época, não era das melhores, revelando uma forte carga de preconceito por parte do autor de um dos relatos:

"Os habitantes deste aforamento são oriundos dos primitivos índios e vivem confundidos com a gente civilizada do lugar".

Poder político? Quase nenhum. Se um dia a Vila de Parnaíba chegou a rivalizar com a capital paulista, em meados do século XIX, apenas cinco parnaibanos eram registrados como eleitores, enquanto São Paulo, que também ia mal das pernas, contava oitenta e três integrantes do colégio eleitoral. Eram quatro distritos em toda a província, com 1.189 eleitores no total.

Em 1880, a velha capela de Sant'Ana finalmente caiu, durante nova tentativa de reforma. Estava em mau estado, como estava quase setenta anos antes, quando foi reformada. O Mosteiro de São Bento, a dois quarteirões dali, já estava em ruínas. Era necessária a construção de uma igreja definitiva que fizesse jus a seus fiéis e às tradições da cidade.

A planta da nova igreja foi elaborada pelo desenhista Carlos Daniel Rath, sob a supervisão do engenheiro e padre jesuíta Antônio Ferreira, e aprovada em 1882. E a construção teve início, sob a liderança do padre Miguel Mauro, um italiano de temperamento forte, exatamente o tipo de pessoa que a cidade andava precisando. Da comissão diretora faziam parte os homens mais influentes da cidade, a começar pelo major Rodrigues Fam, que o povo chamava de major Fão.

Embora inacabada, a obra foi inaugurada em 1887 e é a mesma que ainda hoje ostenta sua beleza na praça principal de Santana de Parnaíba. O padre Mauro ganhou tanto prestígio com isso, que acabou ocupando a presidência da Câmara Municipal, na época um cargo detentor de poderes legislativos e executivos. O vice-presidente era o major Fão. Dois anos depois, trocaram de funções.

Padre Mauro foi o sacerdote mais popular da história da cidade, a tal ponto que, em 1896, quando o Arcebispado o transferiu para a paróquia de Tietê, sua saída causou um princípio de revolta. A situação piorou com a falta de tato de seu sucessor, o cônego Rafael Goris, demasiado enérgico e invejoso do carinho que o povo parnaibano dispensava a seu antecessor. Ele mesmo tornou sua permanência na cidade mais curta, quando impediu que o padre Mauro cantasse na missa, durante uma festa.

Irritados, populares furtaram as chaves da igreja, restando ao cônego a única alternativa de pegar sua batina e rezar em outra freguesia.

Em 1887, o que se plantava mais em Santana de Parnaíba era cana-de-açúcar, mas também eram cultivados milho, café, feijão e trigo. A igreja matriz continuava em obras e estava sendo construído o prédio da Cadeia Pública. Viviam na cidade 4 mil ou 5 mil pessoas, de acordo com as estimativas do recenseamento. O major Fão, antigo comandante da Guarda Nacional, fazendeiro de gado e juiz de paz, era um homem bastante ocupado, pois fora eleito vereador, ocupava o cargo de inspetor da instrução pública e tinha a propriedade de um dos dezenove cilindros de moagem de cana da cidade.

O táxi da época era o trole, que podia ser alugado no centro da vila e na estação de Barueri. As crianças podiam estudar em escolas

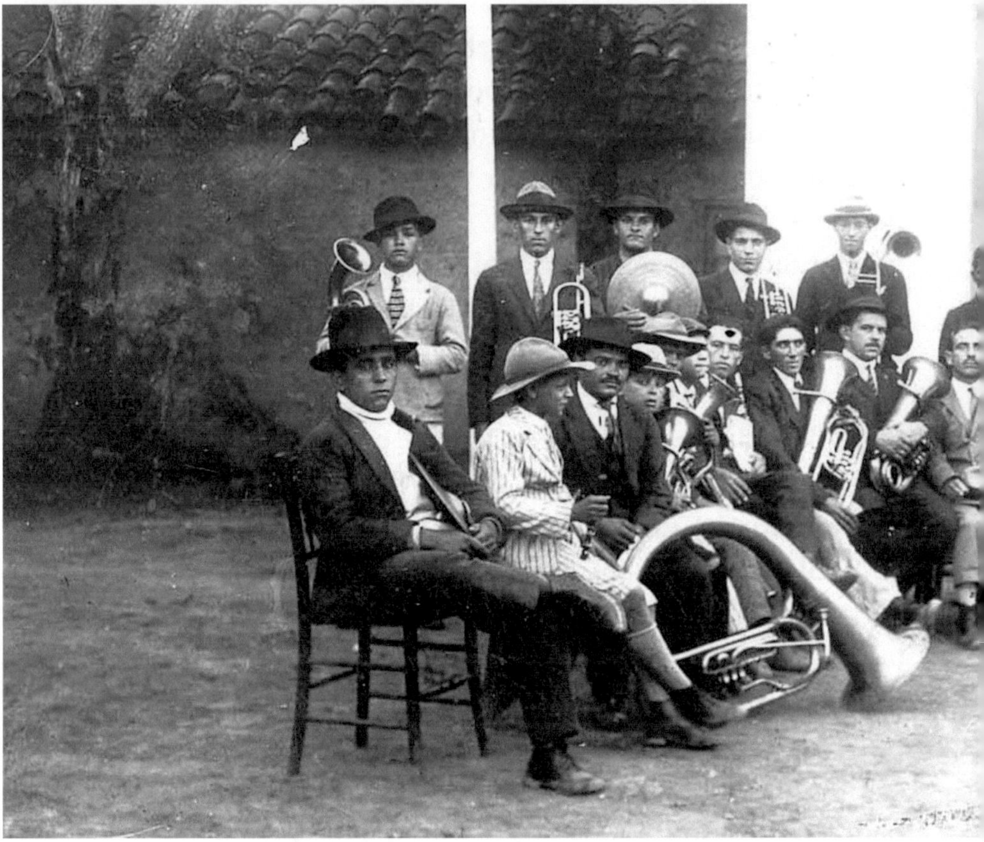

Acima e abaixo, duas formações nos anos 40 e, na outra página, a bandinha do CASA

situadas no centro da cidade, no Largo de São Bento, na estação de Barueri, em Pirapora, em Taboão e em Ponunduva.

Os fiéis rezavam nas capelas de Santa Cruz e do Senhor Bom Jesus de Pedra Fria, ambas na vila. Na periferia, frequentavam as capelas de Bom Jesus de Pirapora, Santa Cruz do Taboão, Santa Cruz do Ponunduva, Nossa Senhora da Escada de Barueri e Nossa Senhora da Conceição da Capela Velha.

A primeira delegacia policial de Parnaíba seria instalada numa casa construída em 1892, no Largo da Matriz. Em 17 de agosto do mesmo ano, Pirapora era elevada a distrito.

Somente em agosto de 1890, a Câmara concedeu licença para a construção de uma linha de bondes ligando a estação da Sorocabana, em Barueri, à Vila de Parnaíba. Quatro meses depois, outro interessado propôs uma linha de bitola estreita de bondes no mesmo percurso. Por causa da concessão anterior, a autorização foi negada.

No ano seguinte, o tenente Joaquim Marques da Silva tentou obter a concessão para bondes, ligando a vila a Cabreúva. Novamente, o pedido foi negado devido à concessão já existente. Em 1892, essa concessão foi transferida para a Companhia Núcleos Agrícolas e Industriais, que, por sua vez, anunciou a construção de uma linha de bondes puxada a burro.

Nada foi construído. Em 1896, visitantes descreviam as quatro léguas que ligavam Barueri a Parnaíba como sendo péssimas, percorridas em troles e carros de boi ou a cavalo.

Monges belgas chegaram a Pirapora em 1896, fundando o Centro do Apostolado Premonstratense, que anos depois daria origem ao famoso seminário. Um dos religiosos descreveu o bairro:

"É um lugarejo de umas cem casas, com mil habitantes, se tanto, cercado de montes áridos e escarpados, sem outra poesia que não o murmúrio monótono do Tietê, sobre cujas águas se assenta. Mas o fato é que São Paulo em peso fala com respeito nos milagres do Senhor Bom Jesus de Pirapora, e que essa tradição criou no mundo mais um desses santos lugares de romaria, piedade e fé, lugares de que quase todos os países se ufanam como tradições nacionais".

Logo após a Lei Áurea, em 13 de maio de 1888, o dono da fazenda Santo Antônio, Manuel Bento de Oliveira, doou a cada família dos antigos escravos uma área de doze mil metros quadrados. O conjunto de pequenas propriedades deu origem a uma colônia e, nela, os moradores viviam da produção de broas de fubá, biscoitos de polvilho e rapadura, que vendiam no mercado da Vila de Parnaíba.

Suas casas estavam situadas ao longo da antiga estrada da fazenda e ali ficaram até meados do século XX, quando os descendentes dos africanos começaram a se dispersar, principalmente depois que a abertura da Rodovia do Oeste, hoje Castelo Branco, cortou o velho caminho em dois, e a partir daí, mesmo indo a pé, ficou difícil a travessia da estrada sem nenhuma passarela construída no local.

A Igreja de São Benedito, ou Capela das Palmeiras, construída pelos africanos a doze quilômetros do centro da cidade, sobrevive e é lá, ainda hoje, que se dá um encontro de procissões, a cada 13 de maio. Havia outra capelinha, próxima à Rodovia Castelo Branco, que desabou em 1996.

A festa anual do Cururuquara começa no dia 12 de maio, ao meio-dia, sob a direção do grupo folclórico Treze de Maio, fundado pelos irmãos Ignácio e Júlio Manoel de Oliveira, negros alforriados. Até há poucos anos, a pessoa mais importante da festa era uma senhora de nome Alice Soares de Oliveira, a Alice Preta, já falecida.

O centro da festividade era a imagem de São Benedito, que durante um ano ficava na casa de um fiel e, naquele dia, era levada para uma capelinha local para ser vestida. Às oito horas da noite, o santo saía em procissão até a igreja construída em seu louvor. À meia-noite, começava a festa, com muita música, dança e comilança. No dia 14, a imagem era levada para outra casa, que a abrigaria até o ano seguinte.

Outra festa religiosa antiga é a de Santo Antônio do Suru. A procissão saía da igreja matriz com uma imagem menor do santo, seguida por pessoas a pé, a cavalo ou em carros de boi, todas rezando e cantando. Os festeiros eram os homens que se chamassem Antônio. Depois da procissão, o padre celebrava a missa e, por fim, acontecia a festa. A comida era preparada de madrugada e tinha quase de tudo: galinha, farofa de pilão, carne de porco, doce de cidra, melado, café e bolo de fubá. O almoço só terminava à noite. A imagem de Santo Antônio foi roubada em 1981.

O coreto de metal fabricado na Inglaterra e que existe até hoje, ao lado da igreja matriz, foi instalado na Praça Quatorze de Novembro no ano de 1898. Os parnaibanos já tinham, pelo menos, um lugar para festejar.

Apesar de tudo, havia o que comemorar. Foi naquele final de um século sem graça que começou a tradição das festas juninas na região.

A de São João reunia o povo no sítio da Outra Banda (estrada do Lula Chaves), de propriedade do intendente Quirino Chaves de Oliveira, sendo depois transferida para o sítio de João Chaves, de acordo com as lembranças de Benedicto Antonio Pedroso, o Benê, que guardou até a receita da famosa temperada, a bebida oficial da festa — uma mistura de pinga, gengibre, canela, cravo-da-índia, noz-noscada, folha e casca de lima.

CAPÍTULO 28

LUZES DA CIDADE

O ano de 1904 passou à História por vários motivos: o Rio de Janeiro foi sacudido pela Revolta da Vacina, São Paulo comemorou pela primeira vez o Dia do Trabalhador, Nova Iorque passou a andar de metrô, o Japão e a Rússia entraram em guerra e o alemão Max Weber criou uma nova ciência, a Sociologia.

E depois de muitos anos, a esperança parecia estar de volta a Santana de Parnaíba.

A vila estava em festa, com a inauguração da iluminação pública elétrica. E o povo, acreditando em boas perspectivas, depois que o grupo canadense The São Paulo Tramway, Light and Power Company Limited distribuiu empregos à vontade durante os três anos de construção da Usina de Parnaíba, que, a partir de 1949 foi batizada com o nome de seu pioneiro Edgard de Souza.

Parecia tudo ótimo, mas não foi bem assim.

A coisa toda começou em 1897, quando dois brasileiros obtiveram da Câmara Municipal de São Paulo uma concessão para uso e gozo da viação elétrica urbana e distribuição e venda de energia elétrica para luz, força e outros usos industriais. A concessão acabou nas mãos da poderosa Light, que comprou em 1899 uma terra abandonada ao lado da Cachoeira do Inferno, uma sequência de quedas-d'água e corredeiras que se estendiam por 700 metros causando um desnível de doze metros em todo o seu percurso.

O local foi escolhido porque ficava a apenas trinta e três quilômetros da capital. Do Porto de Santos, os equipamentos importados foram levados em um trem da Sorocabana até a estação de Barueri. Lá, foram carregados por tropas de burros que percorreram treze quilômetros da atual Estrada dos Romeiros até Santana de Parnaíba e, em seguida, até Pirapora. A Light até melhorou a estrada para que seu pesado maquinário não sofresse dano algum. A areia e o granito para a obra foram extraídos na vila e mais de mil operários trabalharam duro nas escavações, na abertura de estradas, na montagem das 450 toneladas de máquinas e na construção de um hospital e das casas destinadas aos trabalhadores.

Dos políticos da época aos cidadãos comuns, todos acreditaram que, finalmente, a vila sairia do marasmo em que vivia havia mais de um século. Por dois anos, Santana de Parnaíba fervilhou de trabalho e novos negócios foram abertos para aproveitar aquele movimento todo. A Light tinha pressa. Já em 1900, as primeiras linhas de bondes elétricos começavam a circular em São Paulo.

Em 23 de setembro de 1901, a usina finalmente ficou pronta, com 2 mil quilowatts de potência, uma enormidade na época. Tanta energia que, além de mover os bondes paulistanos, parte foi destinada à iluminação pública e das residências e indústrias da cidade. Já havia luz elétrica antes disso, mas sempre fornecida por pequenos geradores e obtida da queima do gás.

A inauguração da usina foi um sucesso. Trens especiais da Sorocabana levaram as autoridades até a estação de Barueri, e, ali, dois raríssimos automóveis e vinte e dois troles, além de dezenas de cavalos, aguardavam os passageiros para transportá-los até a festa que estava sendo realizada na usina.

Lá, estavam o futuro presidente da República, então governador de São Paulo (na época se dizia presidente da província), Rodrigues Alves; o advogado da companhia Alexander Mackenzie, e os prefeitos de São Paulo e de Parnaíba. O povo, de longe, acreditou que estava chegando a hora da redenção.

Ao longo dos anos, a usina teve sua potência aumentada e a oferta de energia para São Paulo crescia. Quando a capacidade da usina de Parnaíba atingiu seu limite, outras foram construídas: em Itupararanga, região de Sorocaba, em 1914; Rasgão, em 1924; e Cubatão, em 1927. A Usina do Rasgão estava também em terras de Parnaíba, porém mais próxima de Pirapora, que na época fazia parte da vila. Um formidável conjunto de obras, sem o qual não existiria hoje a Grande São Paulo.

Um dos heróis desse empreendimento tinha apenas onze anos de idade e se chamava Antônio Moraes de Cunha Neto. No início das obras, apesar da pouca idade, Antônio montou uma pequena empresa para fornecer areia às empreiteiras. Quando os clientes viram que se tratava de um menino ficaram surpresos, mas gostaram da ideia. Quando a obra ficou pronta em 1901, Antônio foi contratado como empregado da Light, mas sofreu um acidente: teve o braço direito arrancado depois de levar um choque elétrico. Restabelecido depois da cirurgia, foi designado para trabalhar no almoxarifado da empresa. Antônio levou uma vida normal, casou-se e sua história de empreendedor é contada com orgulho pela filha Ofélia.

Quanto a Parnaíba, onde tudo começou, passada a festa de inauguração da usina, os empregos acabaram. O comércio, muito ativo na virada do século por causa das obras, voltou ao que era, com muitas lojas sendo fechadas. O bonde de Parnaíba até Barueri, mesmo sendo previsto numa das cláusulas do contrato, ficou ali mesmo, no papel. A estrada reformada pela Light aos poucos foi se deteriorando.

E Parnaíba continuou isolada, à espera de um milagre. O único consolo: dois anos depois da festa, deixou de ser vila. Foi elevada a cidade no dia 19 de novembro de 1906.

Nos anos seguintes, Santana de Parnaíba inaugurava seu primeiro hospital, a Santa Casa de Misericórdia, em 1909, e o Mercado Municipal, em 1911, que funcionou inicialmente no prédio desativado do antigo matadouro, até ser demolido em 1922.

A vida cultural ganhou impulso com a construção do Cine Theatro Parnahyba. Foi erguido em 1912 na antiga Rua Direita, hoje Suzana Dias, em terreno pertencente a Amélia Sant'Anna Leite quando seu irmão, o coronel Raymundo da Cruz, era prefeito da cidade. Mais tarde, o centro de artes cênicas foi rebatizado como Cine-Teatro Coronel Raymundo para dar continuidade às atividades beneficentes da Sociedade Benemérita Recreativa Dramática Particular Parnahybense, fundada em 1891 e dissolvida em 1908.

Formada por cidadãos da sociedade parnaibana, sua finalidade era cultural e literária, mas a renda gerada pelas peças teatrais era revertida na compra de remédios, roupas e alimentos para as famílias mais pobres do município. Com a dissolução da sociedade, o acervo foi doado para a Fundação da Santa Casa de Misericórdia de Santana de Parnaíba.

O prédio ainda foi utilizado como teatro, em ocasiões isoladas, até os anos 1980, sendo tombado em 1982 pelo Condephaat.

Antônio Branco Moderato, que vendia balas no cinema e fazia os cartazes do programa, contava que nos idos de 1920 e 1930 eram passados filmes mudos, interrompidos a todo momento para a troca dos carretéis. Durante os intervalos, a tela era esfriada com água porque, como o projetor ficava atrás, havia o perigo de incêndio. Enquanto isso acontecia, o pessoal saía da sala para comer os famosos pastéis da Nhana do Candinho. Na volta, não precisavam mostrar o ingresso ao porteiro, o senhor Cavalli, pois ele sabia perfeitamente quem estava antes e não admitia a entrada de penetras.

Uma obra muito importante, a da instalação da rede de esgotos, foi completada no mesmo ano de 1912. O reservatório ainda fica no Sítio do Morro, perto de Aldeia da Serra.

Em 29 de agosto de 1917, cinquenta e cinco eleitores da então chamada Estação de Baruery enviaram um ofício à Câmara Municipal de Parnaíba, à qual pertencia o bairro, solicitando a criação do distrito de Barueri, que só existia então como distrito policial.

Em 17 de novembro, veio a resposta, desanimadora para os solicitantes, num documento que mostra o que era a cidade na época. O pedido foi negado, por não se justificar a criação do distrito de paz, segundo quem o analisou na época. Sobrou, entretanto, a descrição da vila, bastante interessante, segundo extrato do documento-resposta:

"(...) O numero de prédios existentes no districto policial de Baruery é quarenta e um, cuja população não attingira a mais de duzentos e cincoenta habitantes; na antiga aldeia de Baruery, que é distante do povoado cerca de trez kilometros, há uma area de terreno fechado a cerca de arame em máu estado de conservação, que serve de cemiterio, apenas para o enterro de indigentes, sendo que os demais sepultamentos são feitos no cemiterio municipal, nesta cidade, accrescendo que achando-se aquelle cemiterio para outra margem do rio Tiete, é difficultado o accesso por não haver ali uma ponte. Não existem predios appropriados para o funccionamento do juizo de paz, havendo-os entretanto alguns em condições de ser adaptados para este fim; A população de Baruery está ligada á sede do municipio por uma optima estrada de rodagem, transitada por trolys, cujo percurso de onze kilometros é feito em uma hora mais ou menos, havendo projecto e estudos de uma nova estrada de automoveis ligando os dois pontos.

Há difficuldade de encontrar-se pessoa habilitada para exercer o cargo de escrivão da subdelegacia, tanto que, todos os inqueritos, corpos de delicto, e outros serviços policiaes têm sido feitos até o presente pelas autoridades da séde do municipio, dando-se facto identico quanto dos cargos de subdelegado e supplentes respectivos, difficilmente prehenchidos. A creação do novo districto viria naturalmente sacrificar o de Parnahyba, desfalcado com o de Pirapora, diminuindo sua extensão territorial e população, ficam elles sem renda sufficiente para a manutenção dos respectivos cartorios. É necessario lembrar que os actos religiosos de baptisados e casamentos são feitos na sede do municipio e parochia, pelo que, com a creação do districto, a população de Baruery, catholica em sua totalidade, sendo da mesma forma obrigada a transportar-se para a celebração daquelles actos: Finalmente, os cincoenta e cinco eleitores signatarios da representação á Camara dos Deputados, eram alistados pela antiga lei e até agora não houve um só delles que tivesse requerido sua inclusão em o novo alistamento eleitoral, não existindo portanto presentemente nem um eleitor naquella circunscripção (...).

Afinal, com a "optima estrada de rodagem" — formada pelas atuais Rua Campos Sales e Estrada dos Romeiros — sem pavimentação, do que reclamavam os eleitores, distantes "apenas" treze quilômetros de Parnaíba? A resposta pareceu tão absurda, que, apenas um ano depois, Barueri obteve o *status* de distrito que queria, em 20 de dezembro de 1918, separando-se de Parnaíba em 20 de dezembro de 1948.

CAPÍTULO 29

UM DIA RUIM
NA VIDA DO PREFEITO

No ano de 1925, Santana de Parnaíba comemorou o tricentenário de sua elevação a vila, adotando o brasão criado por Affonso D'Escragnolle Taunay, na época diretor do Museu do Estado, no Ipiranga. As comemorações dos 300 anos tiveram seu ápice no dia 14 de novembro. O governador de São Paulo, Carlos de Campos, enviou um representante...

Na época, a cidade tinha pouco mais de 8 mil habitantes, sendo 2 mil na sede do município, cinquenta e dois automóveis, 216 prédios e ainda água, esgoto, luz elétrica e até telefone. Em suas duas escolas reunidas e seis isoladas da rede pública e nos cinco colégios particulares, estudavam 563 alunos.

A economia local se resumia ao pequeno comércio e indústria, criação de gado, agricultura, engenhos de açúcar e jazidas de calcário. Havia uma fábrica de cerveja (Estrella, da família Marchesini), uma de papel (Melhoramentos), duas de produtos químicos e quatro usinas da Light.

No mesmo ano, em 6 de setembro, começou a funcionar a usina do Rasgão, no Rio Tietê, próxima a Pirapora. O Rasgão era um ponto em que o rio faz uma grande curva em forma de U fechado. No passado, mineradores de ouro tentavam fazer um corte no rio nesse local, em que o leito de um braço e de outro da curva distava apenas sessenta metros, para desviar seu curso e procurar ouro no leito seco desviado. Daí o nome Rasgão. Foi essa a usina que levou a iluminação elétrica ao distrito de Pirapora, em 1927.

As ruas de Cima (hoje, Bartolomeu Bueno), do Meio (a atual André Fernandes) e de Baixo (hoje, Quinze de Novembro), além de outros logradouros do Centro Histórico, receberam na mesma época seus nomes atuais.

A Estrada Municipal atravessava o Rio Tietê e ligava a sede da cidade, subindo e descendo o Morro do Vacanga e atravessando o que mais tarde se tornou a Fazendinha, e chegava até a estação do Entroncamento, ponta de um ramal da Estrada de Ferro Perus--Pirapora. As obras do seu prolongamento já estavam sendo realizadas em 1925. Essa estrada é a atual Tenente Marques. A estação do Entroncamento, que não existe mais, ficava na atual divisa dos municípios de Santana de Parnaíba e Cajamar, hoje atingindo a Rodovia Anhanguera no quilômetro 29, já no município de São Paulo.

O Clube Atlético Sant'Ana (o popular Casa) nasceu em 1927, mas só teve sua sede construída em 1949, graças aos próprios jogadores de futebol, que pagavam ao mestre de obras cada etapa do trabalho, e aos esforços do então vereador Pedro Sant'Anna. O primeiro presidente foi Israel de Oliveira Pinto. As cores do uniforme do time principal foram definidas: camisa e calções brancos, e distintivo azul em fundo branco. O clube até hoje mantém suas atividades sociais. Além do Casa, existiu também o Clube Parnaibano, que tinha sede no mesmo lugar onde hoje está o prédio do Banespa.

Era domingo, 6 de agosto de 1928, dia de festa no então distrito de Pirapora, com sua tradicional romaria. O prefeito de Parnaíba,

João José de Oliveira, e seu secretário Antônio Branco estavam no local e resolveram cobrar pessoalmente as taxas municipais dos veículos estacionados que tinham placas de outros municípios. A taxa realmente existia e era recolhida pelo município.

Oliveira estava com o bloco na mão quando se aproximou o comandante do destacamento de Pirapora, um cabo da polícia, que lhe deu voz de prisão. Surpreso, perguntou ao policial se ele sabia quem ele era. Como o cabo dissesse que não, identificou-se. O policial não se abalou:

"Se o senhor é o prefeito, a sua Câmara é ladra!".

E levou-o para o xadrez, com o secretário, apontado como membro da quadrilha.

Avisado, o delegado de polícia de Pirapora não se fez de rogado: obrigou o prefeito a devolver o dinheiro das multas aos donos dos veículos. Foi um vexame. No relato que fez à Câmara, dois dias depois, João José de Oliveira disse:

"Assim foi feito. Escoltado por várias praças, e sob a chacota do populacho, fomos à casa do doutor delegado de polícia, de quem só merecemos audiência depois de espera de mais de um quarto de hora na praça pública. O doutor Delegado, ao invés de se impressionar com o fato, na realidade grave, antes pareceu achar nele pouca importância (...) Entrou de fazer crítica à atitude da Prefeitura, discutindo, à força de argumentos jurídicos, a ilegalidade dos impostos que estavam sendo arrecadados. Concluiu, afinal, que as taxas arrecadadas deveriam ser devolvidas às partes! Lamentável, porém real, incidente! Entretanto, desacatado em plena praça pública, vilipendiado pelos insultos reiterados de soldados e populares sem educação, e sobretudo convencido da minha nenhuma garantia, diante do ato sobremodo censurável mas indiscutível do chefe da força armada, diante de tudo isso dizemos, só nos restava abandonar os interesses da Câmara (...) Assim fiz, devolvi aos interessados as taxas arrecadadas, segundo me fora ordenado pelo doutor delegado, retirando-me, em seguida, para a sede do município".

O episódio hilariante teve seu desfecho com a decisão da Câmara de publicar moção de desagravo ao prefeito e a seu secretário.

CAPÍTULO 30

COISAS
DA POLÍTICA

Antes de 1930, no tempo da República Velha, a política dividia os paulistas, e não era só no momento das eleições. Em Santana de Parnaíba, a animosidade era de tal ordem que os ocupantes de cargos executivos e membros do Poder Legislativo evitavam até mesmo passar na mesma calçada, pisar no mesmo chão que seus opositores pisavam. Quem era do Partido Republicano, situacionista, morava na Rua de Baixo, atual Suzana Dias. Quem era do Partido Democrático, o da oposição, tinha casa na Rua Vitória, atual Bartolomeu Bueno. E as famílias das duas ruas raramente se falavam.

Quando Getúlio Vargas chegou ao poder, apoiado pelas forças da Aliança Liberal, e iniciou o primeiro período de seu governo, com quinze anos de duração — incluindo os sete anos da ditadura do Estado Novo —, o município quase foi extinto. Antes disso, outros fatos costumam ser lembrados por pessoas que viveram aquele período, um tempo em que eram crianças, mas acompanhavam com interesse tudo o que acontecia na cidade.

Dois anos depois da Revolução de 1930, São Paulo rebelou-se, exigindo a constitucionalização do país. Dona Ofélia Cunha, uma das mais antigas moradoras do município, guardou recordações das tropas paulistas marchando em frente à sua casa, na Rua do Meio. Muita gente ficou com medo de um conflito entre as forças estaduais e federais e preferiu dormir em local seguro, levando colchões e lençóis para os bambuzais do Morro do Major.

O pai de dona Ofélia, porém, preferiu ficar debaixo do próprio teto, só tomando a precaução de mudar a posição de alguns móveis, para que o impacto das balas de um possível tiroteio não causasse uma tragédia na família.

Mas o perigo de bala perdida ou com endereço certo passou bem longe dali, bem como nem chegou perto das demais cidades que hoje integram a Grande São Paulo. Os combates aconteceram nas regiões de fronteira. Além do mais, foram raros os parnaibanos que partiram para os campos de batalha.

Daquele período turbulento, restou a indignação com a atitude do interventor e futuro governador Ademar de Barros, que governou entre os anos de 1938 e 1941. Quando Ademar visitou a histórica Santana de Parnaíba, mandou levar para o Arquivo de São Paulo todos os livros que estavam guardados na igreja matriz e continham os registros de propriedades do tempo do Império. Os documentos, preciosos para a história da cidade e do estado, nunca mais foram encontrados. Nem em Santana de Parnaíba, nem em São Paulo.

As lembranças de Aparecida Castro, mais conhecida como dona Cidinha, iam mais longe, até os tempos de seu bisavô, o major João Alves de Siqueira Castro. Líder do Partido Republicano na cidade, ele morava na casa da Rua de Baixo, na esquina com o Largo de São Bento. Na época, a estrada que vinha de São Paulo para Itu passava por ali.

Antes de 1930, quando era governador, Washington Luís — que seria depois o último presidente da República Velha (tendo perdido o poder justamente para Getúlio Vargas) — usava essa estrada, que ele mesmo havia inaugurado ("Governar é abrir estradas", era o lema dele), nas viagens que fazia ao interior. E costumava parar na Rua de Baixo para um dedo de prosa com o major, seu correligionário.

Porém, muitas vezes o major não estava ali, e sim na casa de seu sítio Piquete. O motorista do governador (ou presidente de estado, então o nome oficial do cargo) já sabia que devia descer a ladeira, que até hoje existe em frente à casa de dona Cidinha, e seguir até o sítio, que ficava bem próximo e tinha seu pasto num morro, que por esse motivo ficou conhecido como Morro do Major.

Quem lembra o ano de 1930 em Santana de Parnaíba sabe, também, que foi naquele ano que João Sant'Anna Leite começou a fabricar os cabeções e os bichos na cidade, iniciando uma tradição mantida por Holmes Villar e, atualmente, pelo filho dele, que tem o mesmo nome e é conhecido como Tito.

Em 1932, se revolução não houve na cidade, aconteceu coisa melhor: no dia 19 de março era inaugurado o Grupo Escolar Tenente-General Gaspar de Godói Colaço. No ano seguinte, outra boa notícia: mais empregos com a decisão do Grupo Matarazzo de entrar na indústria da construção civil, instalando a fábrica de cal Santana, no Vau Novo. Em volta da fábrica, foi construída uma pequena vila, com igreja, armazéns, casas para os operários, bar, restaurante e até cinema. Durou até 1964, quando foi tudo vendido.

Em 1934, a área em que estava situada a fábrica da Companhia Melhoramentos de São Paulo, hoje parte do município de Caieiras, foi separada de Parnaíba e anexada ao então município de Juqueri. Um desastre para Santana de Parnaíba porque, embora a Melhoramentos tivesse sua fábrica principal dentro do município, passou a escoar sua produção através da estação de Caieiras, na linha da São Paulo Railway, a poucos metros da divisa, mas em território de São Paulo.

No mesmo ano, o município quase foi extinto. As divisas e mesmo a existência de dois municípios que na época eram vizinhos, Juqueri e Parnaíba, foram postas em questão. Na época, a fronteira era o Rio Juqueri, que corria quase encostado aos trilhos da São

Paulo Railway. O rio descia, vindo de um lugar além da estação de Franco da Rocha, até a de Caieiras, junto aos trilhos por seu lado oeste, e a partir desta última mudava seu curso para oeste, dividindo agora Parnaíba de São Paulo até encontrar o Rio Itaim. A partir daí, o Rio Juqueri entrava totalmente em terreno parnaibano.

As duas estações ferroviárias estavam situadas, então, em território do município de Juqueri, que, como Parnaíba, tinha sua sede bastante afastada da linha férrea, e que via suas estações progredirem muito mais do que a sede. Em Parnaíba, isso também acontecia em relação a Barueri, cidade que cresceu rapidamente por causa do movimento da estação de trem.

A revisão da divisão municipal no estado, ordenada por Getúlio Vargas quando assumiu o Governo Provisório no final de 1930, estava sendo fielmente traçada em São Paulo, onde uma comissão criada para esse fim estava ativa desde o ano de 1931. Dela participavam profundos conhecedores da geografia econômica do estado, como Sud Mennucci e Djalma Forjaz. Em 1934, os resultados começaram a aparecer. As divisas históricas começaram a ser redesenhadas de forma radical e baseadas não em interesses políticos, mas na geografia econômica. Distritos e municípios foram criados e extintos, bem como divisas antiquíssimas desapareciam da noite para o dia. Junto a São Paulo, os municípios de Santo Amaro e de Araçariguama foram suprimidos e anexados, respectivamente, a São Paulo e a São Roque.

Em 1934, tudo levava a crer que Juqueri e Parnaíba perderiam a autonomia. E a confusão começou quando foi criado o distrito de Franco da Rocha, em volta da estação ferroviária que anteriormente se chamava Juqueri. A criação do distrito, entretanto, levou também, desmembrada de Parnaíba, toda a área em que estava a fábrica da Melhoramentos, o que irritou os parnaibanos. A comissão protestou:

"(...) a criação do distrito de paz de Franco da Rocha obedeceu ainda à preocupação de acudir os moradores das duas margens da linha férrea e do Rio Juqueri. Não era nem justo, nem equitativo e nem mesmo moral, que se criasse uma nova entidade administrativa atendendo só os habitantes de um lado do rio e só para respeitar uma linha divisória municipal irracional, que de há muito, num país que prezasse seus foros de civilizado, devia ter desaparecido. E o governo atual, mostrando o seu alto senso de justiça, traçou as divisas do novo distrito de paz de Franco da Rocha, com sede na estação de Juqueri, alargando-lhe o âmbito até o ribeirão do Taboão, de um lado e até a serra de Botujuru, do outro. Apanhou assim, uma área do município de Parnahyba, do lado oeste, e outra do município de Jundiaí, do lado norte, que foram incorporados ao novo distrito, e concomitantemente e logicamente, ao município de Juqueri".

Parnaíba reagiu, argumentando que perderia boa parte de sua arrecadação com a transferência da fábrica da Melhoramentos. A Comissão, porém, insistia em anexar as duas cidades à capital paulista, como distritos, incentivada pela anexação do município de Santo Amaro a São Paulo. É curioso verificar que, em 1934, a sede de Santana de Parnaíba tinha apenas 909 habitantes. Hoje, setenta anos depois, o município, muito menor do que naquela época, possui cerca de 90 mil.

No final das contas, apesar do empenho da Comissão, pesou a tradição histórica parnaibana e o município não desapareceu. Juqueri também continuou existindo, mas mudou o nome para Mairiporã, tendo perdido o distrito de Franco da Rocha somente em 1944. Em 1938, Parnaíba, depois de tantas perdas, ganhou um novo distrito. Era o bairro da Água Fria, atual município de Cajamar.

Bertha Moraes Nérici, parnaibana dos quatro costados, tornou-se conhecida em todo o Brasil no ano de 1942 por ter sido a primeira mulher a se alistar como enfermeira voluntária da Força Expedicionária Brasileira, que partiu para a frente de batalha na Itália a fim de combater o nazifascismo. Bertha, que tinha vinte um anos de idade e morava com uma irmã no Rio de Janeiro, seguiu para a Europa com a patente de capitão. De volta à cidade natal, tem até hoje estampado, na porta de sua casa, o símbolo da FEB, a cobra fumando.

Na fábrica de cerveja de Teodoro Marchesini, a produção ficava ao lado esquerdo do prédio. Do lado direito, havia uma mesa bem grande, onde os jogadores de truco da cidade se reuniam. Para não terem que sair de seus bancos para comer, o dono da fábrica pendurava um bacalhau sobre o centro da mesa. Quando sentiam fome, cortavam pedaços do peixe com uma faca e acompanhavam a refeição com goladas de cerveja Estrella.

Foi somente em 1944, no dia 30 de novembro, que o município voltou a usar oficialmente seu nome original, havia muito em desuso, Santana de Parnaíba. A exigência partiu do Instituto Histórico e Geográfico Brasileiro, em consequência de uma lei que obrigava municípios a mudarem de nome se os que tinham coincidissem com o de outras localidades.

Ironicamente, o município homônimo, fundado no Piauí por Domingos Jorge Velho, tem esse nome em homenagem à vila dos bandeirantes. E para não haver dúvidas, outra cidade, Santana do Paranaíba, localizada às margens do Rio Paranaíba, no Mato Grosso, passou a se chamar Paranaíba.

Haroldo e Cláudio Bastianon, que fizeram o tiro de guerra (serviço militar) nos anos 1940, costumavam dizer que era muito melhor receber a instrução militar sem a obrigação de permanecer nos quartéis, longe do trabalho e de suas famílias. Ambos tinham dezesseis anos na época e, nos anos 1980, confessavam às gargalhadas: muitas vezes, o "treinamento" consistia em passar o tempo comendo jabuticabas, com a única obrigação de levar uma boa porção para um sargento viciado nas frutinhas.

Outra lembrança dos Bastianon, esta triste e reveladora da falta de informação que havia nos tempos idos sobre a lepra, que a medicina, para afastar o preconceito, passou a se referir como hanseníase. Na mesma época em que faziam o tiro de guerra, as pessoas que tinham a doença de pele, quando saíam para fazer compras no armazém de secos e molhados que pertencia à família de ambos, levavam as moedas em um pedaço de madeira e estendiam o objeto, em forma de uma pá, para que não tivessem contato físico com os vendedores. Ainda assim, os comerciantes ferviam as moedas e passavam a ferro as cédulas, temendo contágio.

Mais recordações amenas dos anos 1940: a Corrida de São Silvestre, organizada no último dia do ano pelo Clube Atlético Sant'Anna. Entre os corredores da terra se destacavam os velozes Rogério Rodrigues Assumpção (Gero), Eduardo Chaves, Ariovaldo Rodrigues Pedroso (Vardinho), Pedro Sant'Anna, Ignácio Rodrigues Assumpção (Nano), Renato Bastianon, Ernesto Vieira, João Brasilio e Zé Linguicinha.

A PRAÇA: vista parcial da Praça Quatorze de Novembro

CAPÍTULO 31

A PROCISSÃO
E O SAMBA

O carnaval de Santana de Parnaíba, que cada vez mais vem atraindo moradores de outros municípios, conserva muitas tradições pelo fato de a cidade ter se isolado durante bom tempo. Os "cabeções" (hoje fabricados por Holmes Villar Filho) e os sambas do Galo Preto, Quirino Preto e Galo Carijó (dissidência do Galo Preto, de Henrique Preto) e, ainda, a Escola de Samba Unidos do Parnaíba, que se chamava Pés Vermelhos e, depois, Artesanato.

Henrique Nunes de Oliveira, o Henrique Preto, foi o pivô de uma grande briga que causou sua saída do Galo Preto e a fundação do Galo Carijó. Era um negro muito cioso de suas origens e que zelava pelas tradições africanas com tamanho fervor, que muita gente pensava que ele havia nascido na África. Mas ele era parnaibano mesmo, nascido em 1890 no sítio do Vacanga, do qual sua mãe era a dona.

Filho de Jeremias Silveira e de Margarida Maria de Jesus, que morreu com 120 anos de idade, Henrique Preto gostava de lembrar do tempo da juventude, quando trabalhava "batendo café"

Os alunos das Escolas Reunidas em uma apresentação de ginástica calistênica nos anos 1920; e as meninas e moças da cidade em foto sem data

e carregando sacas no mesmo local para onde a Santa Casa se mudou, depois de uma enchente do Tietê, nos anos 1950. Ele tocava bumbo e outros instrumentos de percussão, como o chocalho e a caixa.

Henrique sempre contava que uma noite sonhou que via, da janela do clube, uma procissão de almas passar. Foi quando teve a ideia de colocar na rua a procissão da sexta-feira anterior ao carnaval. Sua casa, na Rua XV de Novembro, com fundos para o córrego hoje canalizado, vivia de portas abertas: ele recebia e ajudava todo mundo. Seu samba era peculiar, com vários integrantes,

todos homens, sentando-se em uma roda e cantando, batendo o bumbo e seguindo uma entonação específica e bem lenta.

A condição para participar era estar sóbrio quando chegasse. Durante a roda, os integrantes começavam a beber e assim seguiam até o final nas altas horas da madrugada. O organizador da festa era excelente cozinheiro. Morreu idoso no princípio dos anos 1970. Até hoje são lembrados os estribilhos dos sambas tanto do Galo Preto quanto do rival Galo Carijó: "Eu tenho pena, eu tenho dó/ do Galo Preto apanhar do Carijó". O samba foi composto depois de uma briga entre os dois grupos na qual o pessoal do Galo

Preto levou a pior. Outro samba dizia: "A ceroula do padre caiu no chão/ Segura a ceroula, seu porcalhão". Foi composto também por causa de uma briga, com o vigário local.

Holmes Villar continuou a confeccionar os "cabeções" e os "bichos", dando continuidade ao trabalho que João Santana Leite havia iniciado por volta de 1930. Holmes nasceu em São Manuel, interior de São Paulo, e chegou a Santana de Parnaíba em 1947. Era artesão profissional sem diploma, tendo adquirido sua experiência decorando vitrines no Natal. Os "cabeções" são feitos de papel, jornal, papelão e cola de farinha de trigo, além de barbante. Tudo material barato. As figuras variam ano a ano, mas há as tradicionais: bruxas, caveiras, vampiros, diabos e pretas velhas. E agora também os personagens de televisão, de revistas em quadrinhos e de desenhos animados.

O artista Holmes morreu em 1982, mas a tradição foi continuada por seu filho, Tito.

CAPÍTULO 32

O TENENTE MARQUES
E O *TRAMWAY*

Gabriel Marques da Silva completou oitenta e dois anos em 2004. Nascido em 1922, era um dos vinte filhos do tenente da Guarda Nacional Joaquim Marques da Silva Sobrinho. Ele conta com orgulho as histórias do pai. Vereador em diversas legislaturas, o tenente Marques foi uma das figuras mais queridas da cidade e, durante alguns meses, entre 1899 e 1901, chegou a ocupar a Intendência Municipal, no cargo equivalente nos dias atuais ao de prefeito.

Homem de posições firmes, ele foi, nessa mesma época, o único vereador parnaibano que votou contra a lei que, no início do século, autorizava a Light a construir uma linha de *tramways* ligando Barueri a Parnaíba. E votou contra pelo simples fato de que era um homem que não gostava de promessas. Para o bravo tenente Marques, o certo era construir imediatamente a linha, sem prometer nada.

Marques acreditava — e tinha toda razão em acreditar — que a linha de *tramways* jamais sairia do papel com tanta conversa e promessas.

Gabriel, octogenário, gosta de relembrar outras facetas do pai, como as caçadas que fazia com amigos, entre eles o dono da Casa Gaúcha, que vendia armas, e o parnaibano Francisco de Oliveira Primo, o Chico Padeiro. O tenente Marques apreciava também as festas que eram realizadas na cidade, especialmente as congadas. E se encarregava de emprestar as espadas do Exército que eram usadas nos desfiles e nas manifestações culturais.

O tenente morreu em 1930, com cerca de setenta anos. No seu enterro, foi saudado com a salva de vinte um tiros disparados pelo Exército. O seu nome batizou a estrada de ligação entre o quilômetro 29 da Rodovia Anhanguera e a cidade. Marques era ainda o dono da fazenda que deu origem ao atual bairro do Polvilho, que fica ao longo da estrada.

A Anhanguera cortou a fazenda do tenente em duas metades, nos anos 1940. Também passava por suas terras a Estrada de Ferro Perus-Pirapora. A propriedade, segundo Gabriel, fazia limites com a fazenda da Várzea do Souza, que deu origem ao atual bairro da Fazendinha e à Fazenda Itaiê.

O tenente espalhou sua descendência pela vila heroica. Vários filhos e netos foram políticos na cidade. Bernardino Marques, por exemplo, foi prefeito duas vezes. Gabriel, um dos mais novos, também ocupou a prefeitura, de 1977 a 1982. De seu tempo como prefeito, Gabriel recorda os problemas que teve com um padre que o acusava de nada fazer para evitar que os caminhões passassem pelo lado da igreja, antes da construção do anel viário, provocando rachaduras. Gabriel provou que, além de as rachaduras não existirem, a maior ameaça não vinha dos caminhões, e sim das explosões feitas pela Light nas pedras do rio. A cidade inteira trepidava.

Ele se lembra, também, que, quando a barreira da represa era mais baixa e o rio ficava cheio por causa das chuvas, a água subia e passava sobre as comportas. Quando baixava, era uma festa: o povo da cidade corria para o local e retirava sacos e mais sacos cheios de peixes.

Isso aconteceu, evidentemente, antes da poluição que tomou conta do rio.

CAPÍTULO 33

A HISTÓRIA
DO TAPETE

A primeira procissão de Corpus Christi de que se tem notícia no Brasil ganhou as ruas de Salvador, na Bahia, em 1549. O padre Manuel da Nóbrega, um dos participantes, contou numa de suas famosas Cartas do Brasil:

> "Outra procissão se fez dia de Corpus Christi, mui solene, em que jogou toda a artilharia, que estava na cerca, as ruas muito enramadas, e houve danças e invenções à maneira de Portugal".

A celebração da Eucaristia, como acontece com outros eventos religiosos, já deu margem a superstições, por ter data móvel. Uma que subsistiu por longo tempo, anotada por João Ribeiro, foi a de que o mundo acabaria no dia em que o Corpus Christi coincidisse com o dia de São João. Isso aconteceu em 1943 e, como o planeta prosseguiu girando em torno de si mesmo e também do Sol, a superstição foi esquecida.

A tradição de enfeitar as ruas com serragem colorida e flores, e fazer com que a procissão de Corpus Christi passe sobre esse tapete

— o que hoje acontece em muitas cidades brasileiras, sobretudo nas do interior paulista —, começou em Santana de Parnaíba por iniciativa da professora Emília Gil Assunção.

O novo visual da festa religiosa teve início no ano de 1967, quando o feriado de Corpus Christi caiu no Dia dos Namorados. Emília não queria passar a data longe daquele que seria em breve seu marido, mas os pais dela, que não sabiam do namoro, queriam passar o feriado em outro lugar.

E a desculpa que a professora encontrou para não sair da cidade foi a de que iria trabalhar na confecção do tapete, que seria a novidade da festa naquele ano. Por isso mesmo, não só inaugurou a tradição como passou o dia da festa perto do namorado.

O que Emília não podia prever era o sucesso estrondoso da ideia que teve. Santana de Parnaíba tornou-se muito conhecida no país por causa desses tapetes. Desde então, as ruas da cidade passaram a ser acarpetadas em 26 de julho, dia da padroeira Sant'Ana.

Outra novidade foi a de enfeitar a cidade com flores vermelhas no dia de São João, que, por essa razão, deixou de ser conhecido apenas pelas fogueiras, fogos de artifício e quermesses.

Inspiradas no exemplo de Emília, as famílias e os amigos da rua onde moram se reuniram para preparar a festa. Começaram nos quintais de suas casas, tingindo a serragem, que era ofertada pela fábrica de móveis do Suru. A anilina era comprada com a contribuição de todos.

O resultado não podia ser melhor. Os tapetes constituem verdadeiras obras de arte. A prefeitura passou a ajudar financeiramente.

Com o tempo, a arte foi se aperfeiçoando e ganhando novos elementos. Além da serragem e das flores, foram acrescentados pó de café usado, cascas de ovo e cal. E novos personagens se juntaram ao mutirão. Rogério, o filho de Emília, tornou-se um dos desenhistas oficiais da festa.

Antes de iniciativas como a da professora de Santana de Parnaíba, os católicos costumavam comemorar a data estendendo mantos coloridos nas janelas e espalhando flores por onde a procissão passava.

CAPÍTULO 34

"200 ANOS EM 20"

Em seu famoso Plano de Metas, anunciado quando estava em campanha para presidente da República, Juscelino Kubitschek prometeu aos eleitores que, durante os cinco anos de sua permanência no cargo, faria o Brasil avançar cinquenta anos. O lema "50 anos em cinco" pegou e JK cumpriu boa parte do que disse.

Santana de Parnaíba poderia ter adotado um *slogan* bem diferente ("200 anos em 20") durante os anos 1970 e 1980, pois nesse período, se dependêssemos apenas dos governos que por aqui passaram, vivemos vinte anos tão incolores, inodoros e insípidos quanto foram insossos e improdutivos os 200 anos anteriores, desde o fim da era dos Bandeirantes.

No entanto, nossa pequena cidade e seus 3 mil eleitores, ou menos do que isso, acordaram nessas duas décadas — independentemente da vontade ou da iniciativa dos prefeitos da época — para uma nova realidade. Era preciso pisar o chão firme e foi exatamente do chão de Santana de Parnaíba que começaram a surgir boas ideias.

Foi nos anos 1970 que começou o processo de loteamento daqueles que hoje são os nossos maiores bairros — como a Fazendinha, Alphaville, Cidade São Pedro e Colinas da Anhanguera. E isso fez com que a arrecadação do município aumentasse, junto com a sua população.

Os prefeitos do período, Hidemi Kawamoto (1969-1972), Bruno Comenho (1973-1976), Gabriel Marques da Silva (1976--1982), Victor Moreira Bastos (1983-1988) e Luiz Iwanaga (1989--1992) limitaram-se a permanecer na letargia corrente, quando uma mera visita do governador (Laudo Natel, em 1972) constituía--se no acontecimento de maior repercussão em uma legislatura e também acabava não resultando em nada concreto.

Para se ter uma ideia, apenas no final de 1981, os telefones da cidade foram ligados ao DDD, tendo sido um dos últimos municípios a serem incluídos no sistema. Tal fato apenas ocorreu com a expansão dos loteamentos nas regiões mais afastadas.

A situação na cidade tendia a piorar, com a Light fechando cada vez mais postos de trabalho e transferindo, demitindo ou aposentando funcionários em ritmo crescente. No mandato de Bruno Comenho, a primeira parte da estrada que se tornaria o anel viário do município foi construída, mas, inacabada (apenas foi feito o trecho entre a atual estação rodoviária e a rua Meatinga), nenhum resultado trouxe à cidade.

Apenas em 1982, o prefeito Gabriel Marques da Silva conseguiu verba do governo do estado para fazer o restante de forma a finalmente eliminar os ônibus, automóveis e caminhões de minério da passagem pela Praça da Matriz e pela estreita rua ao lado da igreja. A obra demorou e foi terminada apenas no primeiro ano de mandato do prefeito Victor Bastos.

Gabriel chegou a ser ameaçado de ter sua residência apedrejada por populares insatisfeitos com o bloqueio na entrada da cidade desde o início das obras. Isso porque todo o tráfego era desviado para uma estrada não pavimentada, no Votuparim. A estrada tinha curvas muito estreitas, o que frequentemente causava interrupção do fluxo, sobretudo em razão da passagem de veículos de maior porte.

Foi no mandato de Victor Bastos, em 26 de fevereiro de 1985, que a sede da Prefeitura passou do prédio acanhado da Câmara para a sede atual na Rua Pedro Procópio, e que a Sabesp assumiu a rede de água da cidade, mas em grande parte, forçada pela pressão da população de Alphaville, com problemas de abastecimento que o município não conseguia resolver. Isso, depois de Bastos ter mandado derrubar as árvores da bela Praça Quatorze de Novembro, apenas para remodelá-la conforme sua vontade.

Nos anos 1990, depois de um mandato sem resultados de Luiz Iwanaga — mas que fez Parnaíba perder uma área de seu município, junto à Fazendinha, para o município vizinho de Cajamar —, a Prefeitura foi ocupada por Aristides Ribas (1993-1996), mesmo tendo sido condenado por comprometer o orçamento da vizinha Cajamar, onde também fora prefeito, nos anos 1980, sob a acusação de nepotismo.

Ribas fez um governo com muita propaganda e nenhum resultado, e de quem o povo se lembra por ter sido alguém que não tinha a menor empatia com a população. Além disso, assim como aconteceu durante o mandato de seu antecessor, o município perdeu mais uma área para Cajamar, junto ao bairro de São Pedro.

Uma história verdadeira e esclarecedora aconteceu no início dos anos 1980. Na época, os telefones de sete algarismos (estação 424) eram instalados em todo o município, substituindo os antigos, com apenas três algarismos, e que começavam com o número 2. O telefone da Prefeitura, por exemplo, era 256. Santana de Parnaíba foi um dos últimos municípios da Grande São Paulo a ter essa instalação, e consequentemente integrar o sistema

"O Municipio"

QUE VEM ACOMPANHANDO COM MUITO ENTHUSIAS-
MO E CHEIO DE PATRIOTISMO OS ACTOS ADMINIS-
TRATIVOS DO CEL. JOÃO ALBERTO, NÃO PODE SI-
LENCIAR NESTE GRANDE MOMENTO NACIONAL EM
QUE O VALENTE SOLDADO DA REVOLUÇÃO TEM
PARA COM A GLORIOSA TERRA DE PIRATININGA
ESTAS VERDADES ALTAMENTE SIGNIFICATIVAS

"Em nenhum Estado criou a obra revolucionaria raizes tão profundas. Nenhum governo vindouro durará, se se afastar da linha rigorosa de moralidade administrativa, que até aqui vinhamos traçando.

S. Paulo, sr. presidente, é uma terra abençoada. O seu povo, docil, intelligente e trabalhador, só quer paz e tranquillidade. Com essas duas coisas construirão os pauilstas a felicidade de sua terra e a grandeza deste nosso Brasil.

Lembrando a v. exc. o quanto me toca na alma o Rio Grande do Sul, poderá avaliar a extensão destas minhas palavras, que, certamente, estariam reservadas á terra dos meus filhos, se eu não conhecesse agora tão bem S. Paulo.

V. exa. saberá procurar um paulista digno para me substituir e, nessa convicção, termino esta, sem mesmo alvitrar nomes para a minha successão.

Rio, 12-7-1931. — (a) JOÃO ALBERTO".

PRIMEIRA PÁGINA: o jornal da cidade publica a notícia do afastamento do interventor em São Paulo, João Alberto Lins de Barros, em meio à crise que culminaria com o levante paulista de 1932

CENA DE UM PIQUENIQUE: Araçariguama, em 1922

DDD (discagem direta à distância), que já existia desde 1972 na maior parte das cidades do estado.

Em um dia qualquer de agosto de 1981, um morador pediu à telefonista da DuPont, em Alphaville, que completasse uma ligação para a Prefeitura de Santana de Parnaíba. Ela perguntou onde ficava. "É na Bahia?", indagou, candidamente.

O interessado respondeu que não. Foi irônico: bastava que ela olhasse pela janela e contemplasse as montanhas ao fundo: ali já era Parnaíba. Crédula, a moça perguntou-lhe por que, ora bolas!, ele não ligava direto. E ficou espantada quando soube que os telefones de Santana de Parnaíba ainda não tinham DDD. A telefonista ainda tentou. Em seguida, com voz desanimada, informou que a pessoa precisaria esperar duas horas para que a ligação fosse completada.

Resposta na bucha: "Deixa para lá, eu vou de carro mesmo. É muito mais rápido". Ele só tinha que seguir pela Estrada dos Romeiros.

CAPÍTULO 35

COMO SURGIU
A FAZENDINHA

A transformação de um imenso terreno cheio de pomares no atual bairro da Fazendinha tem seus antecedentes na virada dos anos 1960. Na verdade, a Fazendinha é a região que concentra um aglomerado de bairros menores, como o Jardim dos Eucaliptos, o Vau Novo, o Bairro 120, o Jardim do Luar e outras localidades. A propriedade tinha o nome de Fazenda Várzea do Souza, pertencente à Companhia Indústria, Comércio de Materiais e Agricultura (CICMA), que tinha sede no bairro de Santo Amaro, em São Paulo.

A história começa em 1960, quando o administrador da Fazendinha (como era conhecida pelos vizinhos) foi demitido e substituído por Luiz Camilo de Mendonça, enviado de Santo Amaro pelos donos da terra. Camilo encontrou uma área aproximada de 300 alqueires coberta de pomares de uvas, laranjas e limões, além de plantações de eucaliptos. Não havia lavoura alguma. Os eucaliptos tinham clientes certos: a Cia. Suzano de Papel e Celulose e o empresário Paulo Monteiro, de Caieiras, que revendia a madeira para as padarias da região.

Logo que chegou, Luiz Camilo mandou plantar cana-de-açúcar, milho e feijão em áreas maiores e os pomares foram desaparecendo aos poucos. Toda essa cultura ficava nas proximidades da atual Escola Leda Caira, no Jardim do Luar. Quem vivia ali, dali tirava seu sustento. Tinha gente criando cabritos, carneiros, vacas, cavalos, patos e porcos, que saíam dos pastos e cercadinhos direto para a mesa de refeições. No meio dos eucaliptos era comum encontrar animais silvestres, sobretudo veados e tatus.

Os moradores viviam nas casas de colônia, todas já demolidas. Eram residências de alvenaria ou de barro, geminadas e situadas em pequenas vilas. Tinham cinco cômodos e o banheiro do lado de fora. Na casa principal morava o administrador. Em outra casa grande, do outro lado da Tenente Marques, vivia o lenheiro Joaquim Martins. Essa casa teve dois aposentos cedidos por ele para que ali fosse construída a primeira escola da Fazendinha.

Tudo isso desapareceu no final dos anos 1970 e no início dos anos 1980, quando as terras foram loteadas. A escola foi transferida para um prédio maior, bem perto da casa, mas do outro lado da avenida, e esse prédio depois cedeu lugar a outro maior ainda, que passou a abrigar a Escola Leda Caira.

A fazenda tinha como limites as terras das Indústrias Matarazzo, o atual Jardim Itapuã, um córrego que segue para São Pedro e uma represa no Rio Juqueri, que hoje não existe mais. A luz elétrica só chegou à Fazendinha em 1970. O telefone, só no início dos anos 1980, quando a Telesp instalou as linhas automáticas no município.

Com a repartição, os loteamentos foram ganhando novos nomes, mas todo mundo continuou chamando o local de Fazendinha, para designar a área inteira. Assim como, até hoje, os moradores ainda falam que vão pegar o ônibus Lapa-Várzea do Souza, que manteve o nome, embora a Várzea do Souza nunca tenha sido

realmente um bairro. O ônibus, na realidade, faz o percurso Lapa-
-Fazendinha, parando no Bairro 120.

Ninguém sabe a origem do Bairro 120, mas o local que atualmente tem esse nome não é o 120 original. Só fica perto. Existia
também o lugar conhecido como 119. Há quem diga que 120 era
o número da última casa do local antes do Vau Novo. Outros acreditam que seja uma referência à caixa-d'água que existia por ali.

Que nomes seriam esses, que parecem derivar de quilometra-
gens de ferrovias, ferrovias que nunca existiram ali? A Estrada de
Ferro Perus-Pirapora, a mais próxima, ficava a cerca de três quilômetros dali, na estação de Mirim, hoje em Cajamar. Era no Mirim
que, normalmente, as pessoas embarcavam quando queriam ir de
trem a Perus ou a São Paulo.

Para chegar até a ferrovia, tinham que andar pela estrada a pé e
cruzar uma velha ponte sobre o Rio Juqueri. Só depois é que surgiu o ônibus que vem do bairro da Lapa, na capital, e que existe até
hoje. A outra opção era a carona nos raros carros que por ali passavam, até o quilômetro 29 da Via Anhanguera, atravessando o
Polvilho, em Cajamar.

O Bairro 120 original ficava junto do Vau Novo, onde havia
a fábrica de cal das Indústrias Reunidas Francisco Matarazzo. A
fábrica ainda existe, mas não é mais da Matarazzo desde 1964.
Virou uma pedreira. E não tem mais nenhuma semelhança
com o que existiu trinta anos atrás. Antes, o que havia era uma
pequena cidade, com as casas da colônia, a Igreja de Santa
Filomena, o cinema, a praça, a cooperativa, dois distritos policiais e uma das melhores escolas da região, o Grupo Escolar
Conde Francisco Matarazzo.

Por volta de 1967, Mário Freire de Carvalho, o novo dono da
CICMA, começou a lotear as primeiras terras da velha fazenda,
dividindo-as em pequenas chácaras. Nessa época, a fazenda e a
estrada que a cortava (a atual Estrada Tenente Marques) não possuíam ainda luz elétrica. Embora os cabos de força passassem

pelos postes da estrada, eles seguiam diretamente para a fábrica de cal da Matarazzo, no Vau Novo, que era a única a receber energia.

Nas décadas perdidas de 1970 e 1980 e até meados dos anos 1990, a Fazendinha cresceu desordenadamente e, em sintonia com os graves problemas econômicos enfrentados na época pelo país, tornou-se uma perigosa concentração de submoradias.

No entanto, a tendência de se transformar numa imensa favela foi contida no final dos anos 1990, quando foram adotadas políticas de urbanismo e de reativação econômica. Os lugares que compõem a Fazendinha reúnem hoje metade da população de Santana de Parnaíba, mas também se tornaram bairros industriais e comerciais com a chegada de novas empresas nos ramos da metalurgia, papel, lavanderia industrial, frigoríficos, retífica de motores e fabricação de colchões, além de marcenarias, madeireiras e outros estabelecimentos. Quanto à urbanização, eram seis ruas pavimentadas em toda a região no ano de 1997; hoje, o bairro está quase com todas as suas ruas asfaltadas, além de praças e de um ginásio de esportes.

Pelos bons serviços prestados à CICMA e ao conjunto de bairros, o pioneiro Luiz Camilo ganhou em 1972 uma gleba de 6 mil metros quadrados, à beira da Estrada Tenente Marques, com uma casa recém-construída, onde morou até morrer, no ano de 1984.

CAPÍTULO 36

UMA SAGA MODERNA

Renato de Albuquerque nasceu em Fartura, interior do estado de São Paulo, em dezembro de 1927, e chegou à capital aos doze anos, após uma breve passagem pelo município de Itapetininga. Filho de um diretor de escola secundária e de uma dona de casa, Renato foi *office boy*, vendedor de livros e também trabalhou como topógrafo para manter seus estudos. Quando menino, sonhava ser piloto da Aeronáutica. Queria voar. Seu primeiro emprego foi na Mecânica Alfa, no bairro da Lapa, em São Paulo. Formou-se em Arquitetura e em Engenharia Civil pela Escola Politécnica da Universidade de São Paulo, na turma de 1949.

Quem aprendeu desde criança a superar as adversidades, nunca consegue parar de produzir coisas boas. E hoje, com mais de oitenta anos, o homem continua firme. Entretanto, uma andorinha só não faz verão. Na velha Poli, em sua turma, ele fez amizade com outro jovem talentoso, Yojiro Takaoka, de quem se tornou sócio. Um amigo compenetrado, que não ria de piadas. Assim era o "Taka", como Renato a ele se refere com carinho, lembrando não apenas seu espírito empreendedor, mas também o lado humano.

"Ele nunca engraxava os sapatos, que ficavam brancos com o passar dos meses. Certa vez, o Taka viajou e deixou o par de sapatos no chão do escritório. Era o que ele mais gostava. O faxineiro passou, viu aqueles sapatos velhos, esbranquiçados, pediu e eu dei. O Taka voltou e procurou os sapatos por todo lado — eu quieto. Ele acabou descobrindo tudo e ficou muito bravo."

A sociedade dos dois foi construída num só pilar — a confiança. Nenhum deles conferia nada, não questionavam decisões individuais. Desde o início, trabalhou com os dois um irmão de Renato, Roberto de Albuquerque. Ele está no negócio desde os tempos da salinha na Rua Wenceslau Braz e, ainda hoje, é o responsável pela área administrativa, financeira e contábil da empresa.

Conta Roberto, com sua invejável memória, que buscou sempre a maior imparcialidade na relação profissional com os dois — afinal, um deles era seu irmão mais moço. Muitas vezes, como um juiz, ouviu naturais desabafos de um e de outro, lamentações sobre visões diferentes. E tratava de ponderar as razões de cada um. Renato e Yojiro, ou melhor, Albuquerque e Takaoka, eram muito diferentes e, por isso, formaram dupla de invejável sucesso nos negócios.

Takaoka depositava absoluta confiança em seus companheiros de trabalho, por isso não perdoava quando esse valor maior era traído. Homem de saber privilegiado, Takaoka conseguia equilibrar razão e emoção. Gostava de pescar com os amigos. Era muito generoso, mas detestava ser contrariado. Incentivava os funcionários a estudar, inclusive pagando mensalidades escolares de muitos que, só em razão disso, conseguiram alcançar diplomas de nível superior. Com a morte de Yojiro Takaoka, em

1994, Renato Albuquerque e a família Takaoka entenderam por bem promover a dissolução da sociedade. Albuquerque criou a Alphaville Urbanismo S.A. que ficou com a marca Alphaville e, também, trabalha em parceria com a FAL 2 Incorporadora Ltda., pertencente a seu sobrinho Fernando e seu filho Fábio.

Ao construir em Sintra, Portugal, o primeiro projeto ao estilo Alphaville, o condomínio Quinta da Beloura I, Renato conheceu o advogado português Nuno Lopes Alves. Conta Nuno que, quando da realização do projeto da Beloura, "o doutor Renato estava num cruzeiro marítimo, perto da China, e lhe enviei um longo telex desaconselhando o negócio. Havia muitos entraves burocráticos. Ele respondeu dizendo que eu estava vendo a operação ao contrário. 'O risco não é meu, é seu', disse-me o doutor Renato. E continuou 'Três milhões de dólares estarão lá, no terreno, não perderei nada. Você terá perdido o seu tempo'. Não conheço ninguém que saiba viver com tanta sabedoria", afirma Nuno.

Em 1994, quando da morte de Takaoka, Nuno era parceiro no empreendimento em Portugal, já um sucesso, e resolveu sair do negócio para dedicar-se aos próprios interesses. Foi então que, mais uma vez, com visão de futuro, Renato convidou Nuno para ser seu sócio na Alphaville Urbanismo S.A. E, mais uma vez, tudo deu certo. Há quase uma dezena de novos Alphavilles sendo lançados em vários estados brasileiros e em Portugal. A Fundação Alphaville, organização não governamental, foi criada em junho de 2000, e já conquistou o prêmio "Top Social", edição 2003, da Associação dos Dirigentes de Vendas do Brasil (ADVB). O Projeto da Graciosa — realizado pela ONG na favela Zumbi dos Palmares — em Curitiba, capital do estado do Paraná, entre vários programas sociais já reduziu a zero a evasão escolar que era de 80%. A favela detinha o triste recorde de maior índice de criminalidade na Região Metropolitana de Curitiba, hoje, graças ao trabalho social da fundação, já superou essa negativa marca.

Fernando e Fábio de Albuquerque seguiram o exemplo, repetiram a história de Renato Albuquerque e Yojiro Takaoka. Os dois começaram, em 1982, fazendo casas em Alphaville, por indicações. Lembra o engenheiro Fernando (formado pelo Mackenzie) que, nesse início, os mesmos que lhes indicavam serviços por administração, alertavam: "Cuidado, eles são bons, mas, sabe como é, são recém-formados...". Aprenderam muito, souberam prestar atenção nos operários e nos mestres (as bases da produção) — e nos clientes.

Como eles conseguiram chegar tão longe?

CAPÍTULO 37

O SONHO DO LUGAR IDEAL

O mês de setembro de 1973 costuma ser lembrado, na América Latina, por causa do golpe militar que derrubou o presidente chileno Salvador Allende. No Brasil, as coisas tampouco iam bem, pois a ditadura militar considerava inimiga qualquer pessoa que ousasse emitir algum tipo de crítica ao regime. Em São Paulo, a maior economia brasileira, os jornais noticiavam com destaque a falta de leite no mercado.

No entanto, do ponto de vista empreendedor — principal vocação paulista — o fato mais importante passou desapercebido: "Iniciadas as obras de terraplenagem em Alphaville — uma resposta às necessidades criadas pelo caos urbanístico de São Paulo, junto à Rodovia Castello Branco, a cinco minutos das marginais dos rios Tietê e Pinheiros".

Um sonho começava a se tornar realidade, mas poucos acreditaram. Um sonho que já completa três décadas.

Para entender como tudo começou, é preciso voltar até 10 de novembro de 1968, dia em que foi inaugurada a primeira etapa da Auto-Estrada do Oeste, ligando a capital ao município de Torre da Pedra, com 170 quilômetros de extensão. Em 31 de janeiro de 1971, foi entregue o segundo trecho, somando mais cinquenta e oito quilômetros, até o entroncamento dos municípios de São Manuel e Avaré. Por fim, foi concluída, somando mais setenta e quatro quilômetros km até o acesso à estrada SP-125, já próximo do norte do estado do Paraná.

A nova rodovia, em estudos desde 1953, havia sido projetada em 1961 e iniciada em 1963 pelo governador Ademar de Barros. A proposta inicial defendia a abertura de novos caminhos para o interior, especialmente em direção a Mato Grosso e Paraná. A obra, um novo tipo de bandeira, chegou a ser considerada "faraônica" pelos próprios militares.

Em 1967, o governador Abreu Sodré mudou o nome da estrada para Rodovia Castello Branco. Além da homenagem ao ex--presidente, recém-falecido em desastre aéreo, também serviu para atrair a simpatia dos militares e obter os recursos para a conclusão da obra que, na década de 1960, era considerada a maior e a mais segura rodovia da América Latina.

A estrada era a única do gênero em todo o país a dispor de três faixas de rolamento em cada uma das mãos, com trechos nos quais o canteiro central pode chegar a medir trinta metros de largura, dotada de sinalização refletiva e projetada para não permitir o ofuscamento por faróis do veículo que trafega no sentido oposto.

Em 1965, o cineasta francês Jean-Luc Godard, vanguardista e polêmico, deslumbrou os amantes do cinema com seu filme *Alphaville*, contando a história de uma cidade ideal para se viver. Os arquitetos Renato Albuquerque e Yojiro Takaoka também sonhavam com um lugar ideal, e nos sonhos deles Alphaville bem que podia existir junto àquela moderna rodovia.

Às margens da Castello Branco, quase no início, localizava-se uma das propriedades do conde Álvares Penteado, uma fazenda de 2 mil alqueires onde havia um pouco de tudo: haras, florestas, posseiros (ocupantes não autorizados) e meeiros (pequenos agricultores que trabalham a terra e repartem o resultado com o seu proprietário). Viviam 110 famílias somente na área em que hoje ficam o centro comercial e os Residenciais 1 e 2 de Alphaville.

O conde morreu e as terras ficaram com seus filhos e netos. Um dos filhos, Honório Penteado, teve uma filha, Ana Maria, casada com Arthur Castilho. Numa atuação responsável quanto ao patrimônio da família, o genro teve o mérito de colocar a fazenda quase em ordem. De forma amigável ou litigiosa, mas sempre com ética e dentro da legalidade, ele foi retirando um a um dos invasores das terras de sua esposa e, depois, plantando eucaliptos no local reintegrado — o que evitou não apenas a erosão do solo como, também, novas invasões.

Renato Albuquerque e Yojiro Takaoka, que se formaram em 1949, sobreviviam de pequenas reformas e obras na periferia de São Paulo. Tinham escritório em uma pequena sala do prédio nº 84 da Rua Wenceslau Braz, no centro de São Paulo. Em meados de 1951, criaram a Construtora Albuquerque, Takaoka S.A. Os primeiros trabalhos foram de topografia, depois vieram novamente as edificações. Eram casas simples, nos bairros afastados da capital.

Um dia, a tradicional família Jafet os contratou para um grande trabalho de topografia. Resultado: ficou tão satisfeita com os dois, que passou a comprar também serviços de engenharia. A construtora foi encarregada de fazer vilas operárias, primeiro com trinta casas, depois com até 400. Daí a entrar como empreiteiros em obras públicas, foi questão de tempo. Logo vieram estradas, pontes e viadutos. Abrir caminhos, ligar terras, superar obstáculos geográficos como nos tempos dos colonizadores — a jovem dupla não deixava escapar as boas oportunidades do Brasil que não parava de crescer, mas que, para tanto, já exigia eficiência — combate ao desperdício, qualidade e produtividade.

Albuquerque e Takaoka souberam montar e manter boas equipes, reinvestir no próprio negócio, oferecer qualidade com preço justo, garantir cumprimento integral de compromissos e, acima de tudo, respeitar talentos, dividir tarefas e, sempre, decidir juntos. Quando um resolvia algo sozinho sem que o outro opinasse, por alguma imposição de tempo ou ausência exigida pelo trabalho, ambos concordavam com a decisão final, fosse ela qual fosse.

No final da década de 1950, a Albuquerque, Takaoka S.A. já era considerada a maior construtora de pontes do Brasil. Mas, obras públicas eram cíclicas e os pagamentos atrasavam sempre. No final dos anos 1960, eles buscaram melhores oportunidades de mercado. Acabara de nascer o Banco Nacional da Habitação (BNH). Os recursos para financiar habitações populares vinham do novo Fundo de Garantia por Tempo de Serviço (FGTS).

Os sócios perceberam que entre os objetivos do governo militar estava o atendimento aos reclamos do povo mais simples. A ditadura precisava acalmar os ânimos internos, mostrar ao mundo a realização de políticas públicas de interesse social e buscar o aquecimento econômico. Nada melhor do que proporcionar aos menos favorecidos o sonho da casa própria. Ao lado de mais duas grandes construtoras da época, Arão Sahn e Hindi, a Albuquerque, Takaoka S.A. foi ao BNH e convenceu a diretoria do órgão de que seria também muito interessante financiar imóveis para a classe média.

Inicialmente, houve resistência, mas, com muita visão de negócio e habilidade política, eles mostraram aos diretores do banco que, cobrando juros um pouco mais altos, essa parcela da sociedade estaria também comprando imóveis. Isso, além de aquecer a economia, permitiria que reduzissem ainda mais os juros das habitações populares — objetivo principal do banco.

Negócio fechado. Mais uma vez, com pioneirismo, a Albuquerque, Takaoka S.A. usou tecnologia de ponta. Suas obras tinham fundações profundas, obtidas com sistema de ar comprimido. Era uma verdadeira indústria de construção de edifícios, que fazia prédios de doze a dezesseis andares, num prazo de oito a dez meses, e os vendia em até doze horas depois do lançamento.

Em 1971, o também arquiteto Célio Sampaio de Freitas procurou Renato Albuquerque para uma conversa importante. Freitas conhecia um representante dos herdeiros de Álvares Penteado, o advogado Antônio de Pádua Pereira de Almeida, conhecido como Padu. Era genro do conde.

Freitas, Albuquerque e um diretor da construtora Sobloco se encontraram para falar de um imenso terreno às margens da Castello Branco. Na época, a cidade de São Paulo não tinha legislação ambiental específica, mas a sociedade demonstrava muita preocupação com a qualidade do ar, do nível de ruído e do trânsito.

A conversa não fechava para Albuquerque. Tratava-se de uma área imensa localizada em Barueri, junto à rodovia, distante vinte e três quilômetros da Praça da Sé (marco zero da capital), embora situada a apenas catorze quilômetros da Avenida Faria Lima — que já despontava como o novo centro comercial da cidade.

A ideia de Freitas era construir ali um centro empresarial, objetivando tirar da capital paulista as indústrias e os escritórios. Isso, no entender dele, reduziria trânsito, protegeria o meio ambiente e evitaria agitação nas áreas nobres. Por outro lado, daria às empresas uma qualidade bem maior para o seu funcionamento. Detalhe curioso: o acesso à Castello Branco, na época sem o Cebolão, só era possível pela Ponte dos Remédios (aliás, construída pela Albuquerque, Takaoka S.A.).

Naquele momento, Yojiro Takaoka estava diretamente envolvido com o empreendimento Ilha do Sul, o primeiro condomínio fechado de São Paulo e do Brasil. A Albuquerque, Takaoka S.A. havia não apenas construído, mas, também, incorporado esse empreendimento. Por singularidades da conjuntura econômica do país, iniciava nessa época um período de declínio no mercado imobiliário nacional em razão do excesso de oferta, do aumento no custo dos materiais de construção (acima da correção monetária) e da queda do poder aquisitivo. Além das esperadas dificuldades de aceitação da ideia inovadora, chegava mais um tempo de recessão. Era a hora de encontrar versatilidade e flexibilidade de trabalho para não engessar economicamente a construtora.

O Ilha do Sul foi um empreendimento tão inovador que, somando-se aos problemas conjunturais do momento, acabou demorando um pouco mais do que o habitual para vender seus 480 apartamentos. Como a construtora e incorporadora mantinha quadro fixo de vendedores, assalariados e comissionados, os demais corretores independentes não tiveram acesso às vendas. Em represália, passaram a divulgar boatos falsos de que o negócio não era bom, tinha problemas, e que a construtora estava em situação difícil e iria pedir concordata.

Para piorar, o diretor de um grande banco, objetivando um negócio pessoal e paralelo às atividades da instituição que dirigia, comprou de uma só vez quarenta apartamentos para, depois de mobiliá-los luxuosamente, alugar para grandes empresas multinacionais acomodarem seus principais executivos. Ideia inteligente, oportuna e lucrativa. Como, por mera coincidência, o banco que ele dirigia estava entre os financiadores do Ilha do Sul, mais um boato surgiu: o de que, por falta de pagamentos, um financiador já havia "tomado" um prédio da construtora.

A verdade, no entanto, é que a Albuquerque, Takaoka S.A., embora chegando a passar dificuldades em razão da situação do país e dessa boataria, honrou os compromissos e vendeu, em média, vinte apartamentos por mês, entregando todo o empreendimento em dois anos — um êxito inegável que a falta de criatividade e iniciativa da concorrência não conseguiu impedir, nem com bem contadas mentiras.

Renato Albuquerque relatou ao companheiro Takaoka a conversa que tivera sobre a área em Barueri, a ideia de um polo industrial-empresarial diferenciado, tão longe e ao mesmo tempo tão próximo de São Paulo. Poderia ser, além de uma saída a mais para a crise econômica, um novo desafio empresarial. Além do que, a Sobloco havia descartado sua participação, e eles estavam mais uma vez sozinhos num projeto. Takaoka concordou, mas precisava vender e entregar o que restava do Ilha do Sul. Albuquerque assumiu a fase inicial do desafio. A construtora comprou dos herdeiros do conde Álvares Penteado parte da Fazenda Tamboré.

Checada a área de 4.900.000 m², Renato Albuquerque descobriu que havia exatamente 110 "inquilinos", na verdade, posseiros e meeiros. Mas a complexidade dessa aquisição não ficava só nisso. Em Brasília, estava nas mãos do ministro Leitão de Abreu, chefe da Casa Civil do Governo do general Emílio Garrastazu Médici, um processo de desapropriação desse mesmo espaço. Para evitar surpresas, Albuquerque pediu audiência com o ministro. Levou o projeto, certo de que sua originalidade e modernidade iriam sensibilizar o interlocutor.

Recebido no gabinete, explanou toda a ideia e indagou sobre o processo. O ministro friamente levantou-se, foi até um armário e tirou uma pasta volumosa. Colocou-a sobre a mesa e disse: "Esse é o processo de desapropriação do qual estamos falando. O governo não tem interesse. Mas, o senhor sabe como é, caso venha a existir comoção social, nada feito!". Em seguida, voltou ao armário, guardou a pasta no mesmo lugar, e concluiu antes de se despedir: "O processo, provisoriamente, vai continuar ali".

Estava dado o recado, Albuquerque havia entendido muito bem. Os militares não queriam ter mais críticas ao seu desempenho político-administrativo, portanto, nada de reclamações públicas de sem-terras. Eles não aguentavam mais ouvir o clamor, nem sempre sufocado, das ruas: "O povo, unido, jamais será vencido!". O engenheiro voltou a São Paulo decidido a negociar com todos uma saída pacífica, até não ficar mais ninguém, fosse quem fosse. E, na verdade, não lhe restava outra saída, já que havia comprado as terras e, dentro de seus princípios, lhe agradava dar uma solução pacífica e respeitosa aos que nela estavam, invasores ou não. Assim, mais uma vez de maneira astuta, Albuquerque estabeleceu uma conexão respeitosa com o Exército, baseado em Barueri. Pediu ao comandante que o ajudasse apenas e tão somente no monitoramento, a distância, de sua intervenção na área.

O que o empreendedor estava querendo, realmente, era estabelecer um canal de informação de seus movimentos com o poder central em Brasília. Assim, o ministro Leitão de Abreu estaria ciente, de forma confiável, do andamento das negociações, e tranquilo de que não aconteciam protestos. Portanto, deixando "dormir" no velho armário de seu gabinete o processo de desapropriação das terras do conde, agora pertencentes a dois plebeus que se tornavam nobres construtores e incorporadores no país e, futuramente, até no exterior.

As terras deixadas pelo conde estavam divididas em quinhões (partes de cada um dos herdeiros). No quinhão de número três, havia quarenta japoneses que, meeiros autorizados pelos antigos proprietários, cultivavam flores, verduras e cogumelos em clima de perfeita ordem. Nesse mesmo espaço, construíram uma *packing house* com 400 m², no qual faziam desde as embalagens e o empacotamento de seus produtos até as festas da comunidade. Albuquerque pediu que eles emprestassem apenas 10 m² daquele espaço para que a construtora usasse como sala de reuniões com eles e os demais presentes nas terras — todos, os autorizados ou não, com processos de despejo em andamento, fruto da atuação de Arthur Castilho.

E foi assim que por quase um ano, todos os sábados, às 7h30 em ponto, Renato Albuquerque e o universitário de direito Aluísio de Campos chegavam ao escritório improvisado no galpão dos japoneses para mais uma rodada de negociações com os meeiros e posseiros da Fazenda Tamboré. Durante todos aqueles intermináveis meses, Albuquerque jamais entrou em qualquer um dos terrenos ou casas dos japoneses meeiros, igualmente dos demais ocupantes. Só os japoneses, demonstrando sua boa-fé, o convidaram por algumas vezes às suas casas. Os posseiros nunca.

Albuquerque possuía uma Veraneio, veículo muito usado naquele tempo como viatura policial, que ficava estacionado ao lado do galpão e sempre aberto. Ao voltar, ao final de cada sábado, encontrava o que a sua esposa chamava carinhosamente de "feira": bananas, laranjas, cogumelos, galinhas, ovos e, invariavelmente, flores — marca registrada da nobreza de caráter dos japoneses. Ele jamais soube quem dava, mas elas sempre apareciam ali.

Nunca houve intimação. De vontade própria, primeiro vieram os mais cordatos. Depois, os mais renitentes. Por fim, até mesmo os posseiros. E a unidade do Exército sediada em Barueri monitorando tudo de longe, mas, claro, permanentemente informada do andamento das negociações pacíficas. E repassando o "noticiário" ao ministro Abreu, em Brasília. Albuquerque foi tão hábil que, até mesmo, pediu aos japoneses que permitissem que o advogado deles, Guarany Gallo, cuidasse da causa para os dois lados. O que, desta forma, colocou o jurista na condição informal de juiz. Gallo defendia o valor das benfeitorias feitas pelos japoneses, indenizadas uma a uma pela Construtora Albuquerque, Takaoka S.A.

No final de tudo, os japoneses convidaram Renato Albuquerque, Gallo e Aluísio para um almoço num restaurante japonês em São Paulo. No encontro, reconheceram e agradeceram com uma placa de prata o tratamento recebido da construtora, mas, também, ressalvavam que estavam deixando com muita tristeza um lugar tão bonito e de tanta paz.

Em setembro de 1973, com projeto urbanístico dos arquitetos José de Almeida Pinto e Reinaldo Pestana, os arquitetos Renato Albuquerque e Yojiro Takaoka realizavam mais um sonho, venciam outro desafio. Tinha início a construção de Alphaville. Uma verdadeira cidade planejada, repleta de jardins, grandes avenidas e ruas (com 35 a 60 metros de largura) e canteiros centrais arborizados, calçadas para pedestres e toda a infraestrutura necessária: água, esgotos, galerias pluviais, luz, força, telefonia, centro hospitalar, hotéis para executivos, restaurantes, espaço para convenções, *shopping center*, clube, postos de gasolina, serviços bancários e até heliponto. As áreas disponíveis para as empresas eram a partir de 2.000 m² e prontas para construir escritórios e indústrias não poluidoras.

Na fase inicial das obras, o Banco Crefisul concedeu um substancial empréstimo à construtora, mas pediu licença para fazer inusitados seguros de vida, individuais, dos dois sócios, tendo o banco como único beneficiário. Aron Birman, o banqueiro, disse a eles que o valor do empréstimo era maior do que a garantia. Mas, como acreditava nos dois, eles não poderiam morrer. Outros bancos (Bradesco, Real e Safra) também financiaram.

Idealizado apenas para escritórios e indústrias, Alphaville — graças às mentes abertas e transformadoras de Albuquerque e Takaoka — viu, ainda no seu início, mudar o foco. A primeira empresa que se interessou foi a Hewlett Packard (HP). O responsável pela diretoria de patrimônio da multinacional norte-americana, Skip Law, sobrevoou o empreendimento de helicóptero, em seguida desceu e foi conversar com Albuquerque. Para Skip, era preciso evitar a indústria primária, dando preferência a armazéns e escritórios. E, ainda, deveria haver um residencial para que os executivos das empresas morassem próximo ao trabalho, evitando "viajar" ida e volta para São Paulo todos os dias. Os dois conselhos foram acatados. Outras empresas pioneiras como Babylândia, Banco Real, Carbex, Chuca, Confab, DuPont, ECM, Otto Haensel e Sadia os pressionaram da mesma forma. Assim, foi planejado apenas um residencial. Depois, com o sucesso, vieram todos os demais.

Os fortes apelos publicitários foram determinantes para atrair o interesse das empresas: "Em Alphaville, um escritório de mil metros quadrados, construído em uma área de 2 mil, custa o mesmo que quarenta e oito aluguéis de um escritório de mil metros quadrados na Av. Paulista". Ou ainda, "Para conceder crédito, um banco quer o patrimônio da empresa como referência. Não o aluguel". E outro mais: "Em Alphaville, planos de expansão não se realizam em outro andar, ou em outro edifício", numa referência clara à possibilidade de crescimento planejado a médio e longo prazo. Por fim, "Nada melhor do que trabalhar num lugar onde todos gostariam de morar". O tempo acabou por unir o local de trabalho ao de moradia.

O artista plástico Zélio Alves Pinto criou alguns anúncios. Até o matemático Oswald de Souza, notabilizado pelos prognósticos da Loteria Esportiva em jornais e emissoras de TV, foi o garoto propaganda no lançamento do Residencial 5 de Alphaville. O anúncio dizia: "O cálculo é matemático. O melhor investimento é aquele que não deixa margem à dúvida. Aplique no 5, um investimento de família real", e a foto mostrava Oswald de Souza tendo à frente um leão deitado.

Os números e os prognósticos iniciais do empreendimento eram bem maiores do que os prêmios da Loteria Esportiva, que era uma coqueluche. A área custou 40 milhões, a urbanização foi orçada em 240 milhões, 20 milhões foram investidos em máquinas próprias — a moeda da época era o cruzeiro. Trabalharam nas obras iniciais cerca de 1.500 empregados diretos e indiretos. A previsão de vendas estava entre 800 milhões e 1 bilhão de cruzeiros. Um excelente negócio para a Construtora Albuquerque, Takaoka S.A., que apresentou, no ano seguinte ao início das obras (1984), um faturamento de 286 milhões de cruzeiros.

Alphaville causou um impacto radical na região. Barueri era uma cidade-dormitório de 60 mil habitantes, com apenas cinco indústrias de porte; duas agências bancárias, meia dúzia de médicos e o orçamento anual da prefeitura não chegava aos 20 milhões de cruzeiros. Hoje é um dos municípios mais dinâmicos do Brasil. Só em Alphaville estão sediadas milhares de empresas gerando dezenas de milhares de postos de trabalho. O mesmo, até em maiores proporções, acabou acontecendo com Santana de Parnaíba, que tem o maior número de residenciais.

"Se, ao invés de destruir Roma para construir outra cidade, Nero tivesse levantado um novo núcleo ao lado daquele que já existia, teria sido considerado um herói e não um louco", a frase é de Yojiro Takaoka, dita em 1976.

Não há milagres em reurbanização, nem mesmo se incendiando o que o tempo deteriorou. Cada urbe se desenvolve dentro das necessidades reais estabelecidas pelos seus habitantes, sejam moradores ou empresários. Não se pode lutar contra as leis naturais de mercado, da sociedade. O que se pode e se deve fazer é criar e ordenar espaços, dando oportunidade ao crescimento e às transformações, sem conflito. São Paulo já, naquele tempo, estava apresentando problemas de um processo evolutivo caótico e subordinado às leis econômicas, não às necessidades de qualidade de vida da população. Alphaville foi solução pioneira em núcleo empresarial e residencial paralelo.

Naquele mesmo momento, Renato Albuquerque afirmava:

"Concebida como o primeiro centro empresarial e industrial planejado, cujas normas de análises dos projetos a serem implantados impedem a instalação de empresas poluidoras, Alphaville já pode hoje ser considerada uma comunidade completa, totalmente independente".

Para os dois colegas de turma, amigos e sócios, Alphaville era um sonho concretizado. A "cidade" ideal, planejada e dotada de moderna infraestrutura, com muito verde e segurança, administrada pelos próprios moradores e catalisadora de atividades, mas, também, essencialmente humana, agora era realidade. O norte-americano Joel Garreau, notório criador de polos empresariais e residenciais suburbanos, depois de viagens ao Brasil nos anos de 1972, 1993 e 1997, afirmou: "Se você perguntar que cidade as pessoas querem, vão dizer: com ar e água puros, mobilidade e a chance de morar perto do trabalho. São Paulo pode morrer, já que não há mais terrenos tão grandes disponíveis para fazer novas Alphavilles".

Nos primeiros anos de ocupação dos residenciais, cada novo morador que chegava era recebido pelos vizinhos com um cafezinho e, em muitas oportunidades, até com festa e uma taça de champanhe. Havia serenatas de boas-vindas. Comum, também, era a carona de um morador, alternadamente, para levar os seus e os filhos dos vizinhos à escola, ao clube, ao *shopping*. Muitos casais, hoje moradores de Alphaville, se conheceram e se apaixonaram nesses encontros. O clima de cidade do interior permanece até hoje.

No começo, a Albuquerque, Takaoka S.A. precisou patrocinar alguns serviços essenciais, mas, logo depois, com o rápido crescimento de Alphaville, chegaram os primeiros comerciantes e prestadores de serviços, como o posto Texaco, no início da Alameda Rio Negro, que na década de 1980 chegou a ser líder em faturamento na América Latina. A Farmácia Patrícia, subsidiada pela construtora e incorporadora, funcionava na construção redonda que havia na Alameda Araguaia, então chamada de Disco Voador. A primeira padaria existe até hoje, a Alpha Beer, também na Araguaia. A La Ville foi a segunda, hoje uma rede com lojas em vários pontos da região.

Muita gente se pergunta sobre qual seria a razão dos nomes de alguns residenciais que fogem à conhecida numeração sequencial (1, 2, 3 etc.), como, por exemplo, o 18 do Forte. Cada área foi comprada em momentos distintos, dessa forma os residenciais foram sendo criados conforme a demanda. Primeiro foi o 1 que, na verdade, chamava-se Alphaville Residencial, construído apenas para atender às empresas do polo empresarial. O empreendimento tornou-se atraente também para morar. Com a construção do segundo, e o sucesso de vendas, o nome foi substituído pelo algarismo e, assim, seguiram-se todos.

O Zero, que se poderia imaginar o primeiro, foi entregue muito tempo depois (1990). Por estar geograficamente localizado antes do 1, foi denominado como tal. Há, ainda, outras lendas populares sobre Alphaville. Uma se refere à gruta, onde se localiza a primeira igreja católica do empreendimento. Muitos contam que se tratava de um local utilizado pelos índios para rituais sagrados, antes da colonização. Sítio arqueológico nada! A gruta foi ideia de Takaoka, para um aproveitamento racional e mercadológico da pedreira que havia no lugar.

Outro mito fica por conta de um Takaoka supersticioso, que saltou o número 7 para evitar má-sorte, já que ao Residencial 6 segue o 8. Pura imaginação popular, Takaoka era agnóstico e jamais foi sensível às crendices populares. A verdade é que o 7 estava em projeto quando a Engesa S.A. comprou a mesma área. O projeto foi postergado. Depois, a empresa revendeu as terras, foi construído nelas o que hoje é o Alphasítio — não faria sentido voltar à numeração que já havia avançado bastante.

E por que 18 do Forte? Porque esse residencial nasceu de uma parceria com vários proprietários daquela área. Eram onze, e o engenheiro Marco Antonio Reynol, então diretor-técnico da Albuquerque, Takaoka S.A., tendo que se relacionar com todos e, claro, procurar atender seus constantes pedidos, acabou por apelidá-los como os dezoito do Forte — uma referência ao episódio de sublevação e resistência de um grupo de dezoito militares e civis contrários à candidatura de Artur Bernardes à presidência do Brasil, mortos pelas tropas legalistas em 1922, no Forte de Copacabana, Rio de Janeiro. O apelido pegou. E deu nome ao residencial.

Um aspecto interessante, entre tantos inovadores criados e implantados em Alphaville, é o sistema de autoadministração dos condomínios, nas áreas interna e externa dos mesmos. Fundada em 12 de novembro de 1980, a Sociedade Alphaville Centro Industrial e Empresarial (SACIE), tem como finalidade básica garantir a qualidade de vida na área industrial, comercial e dos Residenciais Zero e 1 de Alphaville, atuando de forma responsável e vigilante quanto aos seguintes aspectos: fiscalização de construções e de uso de imóveis; cuidados com vias públicas, praças e jardins; ostensiva vigilância objetivando total segurança; e, por fim, canal permanente de relacionamento com a comunidade e os órgãos públicos. As quantias arrecadadas são usadas na manutenção e conservação das responsabilidades básicas da sociedade que, ainda, promove campanhas nos âmbitos da educação, saúde, esporte, lazer e cultura.

Mensalmente, a comunidade se reúne com os órgãos públicos de segurança (polícias militar, civil e rodoviária, guardas municipais e bombeiros) para, no Conselho Comunitário de Segurança Alphaville/Tamboré, debater a constante melhoria desse serviço à sociedade. Não há violência em Alphaville, no máximo pequenos furtos. Os índices de violência do empreendimento são comparáveis aos da cidade suíça de Zurique.

A SACIE e demais sociedades de cada residencial atuam em perfeita integração, suas respectivas diretorias são eleitas pelo voto direto e secreto e o relacionamento com as prefeituras, tanto de Barueri quanto de Santana de Parnaíba, é o melhor possível, existindo até uma bancada de vereadores eleitos por Alphaville para as Câmaras Municipais das duas cidades. Trata-se do Grupo Parlamentar de Alphaville (GPA).

Hoje, Alphaville tem tudo. Até mesmo bons empregos. E para a satisfação pessoal de seus criadores e felicidade de seus moradores, continua sendo um sonho realizado por bandeirantes modernos da estirpe de Takaoka e Renato Albuquerque.

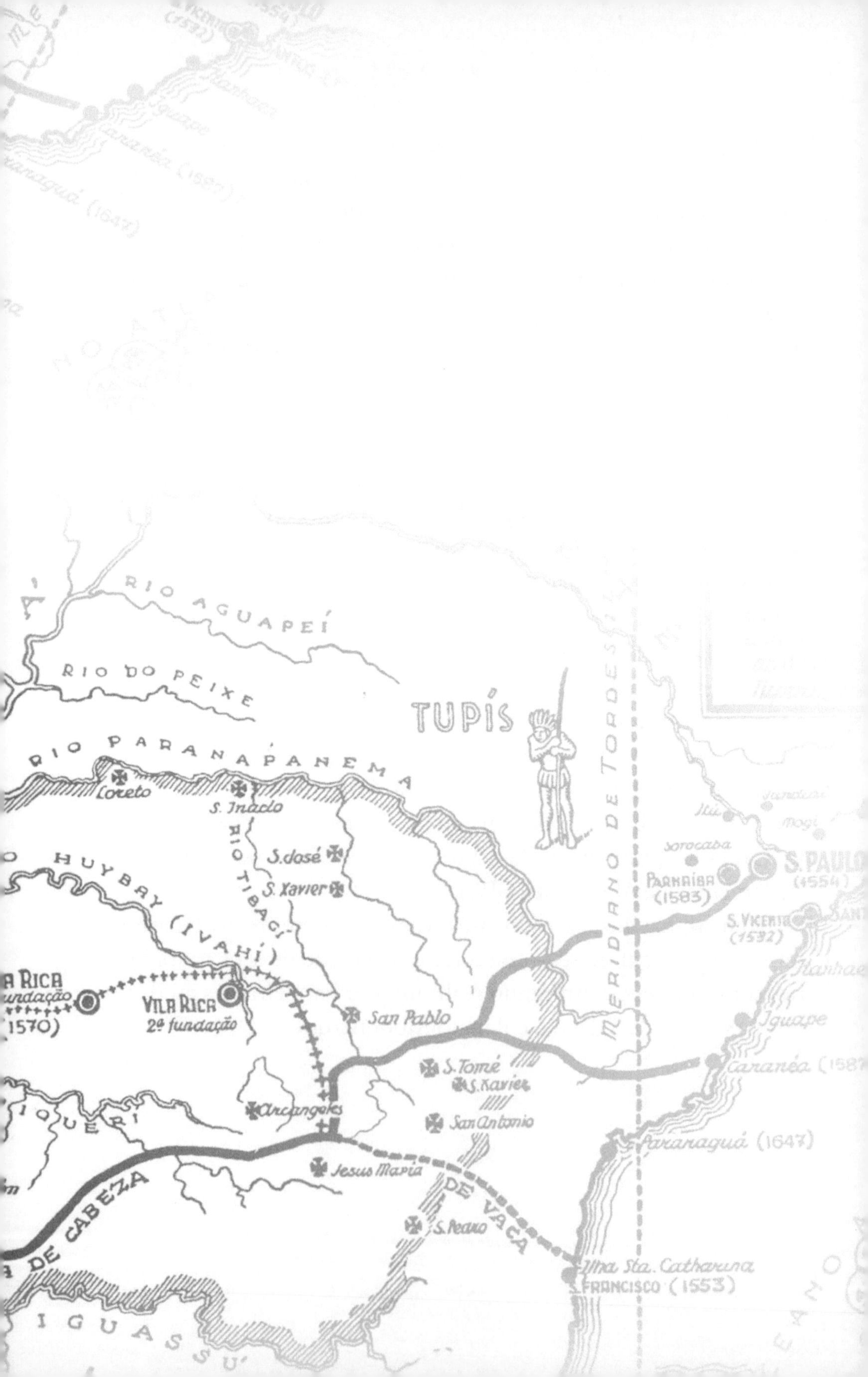

RIO AGUAPEÍ
RIO DO PEIXE
TUPIS
RIO PARANAPANEMA
Coreto
S. Inacio
RIO TIBAGÍ
S. José
S. Xavier
HUYBAY (IVAHÍ)
VILA RICA
2ª fundação
(1570)
San Pablo
S. Tomé
S. Xavier
Arcangeles
San Antonio
IQUERI
Jesus Maria
DE CABEZA
DE VACA
S. Pedro
IGUASSU
MERIDIANO DE TORDESILHAS
Itú
Jundiaí
Mogi
Sorocaba
PARNAÍBA
(1583)
S. PAULO
(1554)
S. VICENTE
(1532)
Itanhaém
Iguape
Cananéa (1587)
Paranaguá (1647)
Ilha Sta. Catharina
S. FRANCISCO (1553)

CAPÍTULO 38

O REENCONTRO

O que aconteceu na histórica Vila dos Bandeirantes após 200 anos de inércia, para atrair tanta gente em tão pouco tempo? Em 1970, o censo do Instituto Brasileiro de Geografia e Estatística (IBGE), contou 5.390 moradores. Dez anos depois, o número dobrou. Em 1990, eram 35 mil pessoas. Perto da virada de 2005, 90 mil pessoas! Números crescentes que despertam curiosidade e estranheza e, por isso mesmo, devem ser analisados com critério e rigor.

O aumento da densidade populacional nos primeiros vinte anos pode-se atribuir ao início de sua divisão em loteamentos, como já vimos. Mas não somente a isso: a cidade ameaçou enveredar pela trilha da favelização, processo que parecia irreversível. A partir de 1990, o êxito de empreendimentos como os residenciais de Alphaville, Tamboré e Aldeia da Serra deixou claro que o preço do crescimento das submoradias, tão próximas às áreas mais nobres de Santana de Parnaíba, estabeleceria dois mundos antagônicos, verdadeiras ilhas de riqueza e de pobreza, quase lado a lado. Essa era a nova realidade do lugar.

No entanto, não foi somente a população que cresceu. A cidade foi beneficiada por outra invasão, agora de empresas e empreendedores de todos os portes. O aumento da quantidade de estabelecimentos industriais e comerciais e o incremento do setor de serviços alavancaram a arrecadação de tributos, provocando uma saudável reviravolta nos indicadores econômicos e sociais que, até então, eram bem baixos.

O marco zero dessa transformação foi a constatação feita pelos próprios parnaibanos, naturais ou adotivos, de que a vila que descobriu o Brasil conseguira se manter de pé, após mais de dois séculos de marasmo.

Restava, portanto, como única alternativa, investir com mais inteligência no potencial da cidade. Caso contrário, seria melhor esquecer a luta pela autonomia travada no passado e agregar de vez o seu território à capital, agora bem próxima.

Alguns problemas enfrentados no apagar das luzes do século XX eram bastante parecidos com aqueles sofridos ao longo dos 425 anos que Santana de Parnaíba festejava em 2005. Um dos mais graves — a dependência crônica de verbas estaduais e federais. Outro, a má qualidade dos serviços públicos municipais, notadamente nas áreas da educação e da saúde. E mais outro: o descaso absoluto do Poder Público em relação à Cultura e à História.

Em fins dos anos 1990, a autoestima dos parnaibanos levantou voo, em parte graças às iniciativas de empreendedores como Renato Albuquerque e Yojiro Takaoka. O município que abrigava a maior parte dos novos condomínios precisava queimar etapas para acompanhar o ritmo frenético de desenvolvimento que acontecia em seu próprio perímetro urbano. Santana de Parnaíba não podia ser mais maltratada por administrações públicas ineptas.

Em 2001, a prefeitura elaborou o Plano de Desenvolvimento Turístico de Santana de Parnaíba, já prevendo a sustentabilidade ecológica, socioambiental e econômica na região. O objetivo principal do plano é inserir Santana no mercado turístico da Região

Oeste, promover o desenvolvimento socioeconômico e gerar novos empregos para a população. O plano incentiva e redireciona o turismo da cidade; melhora os serviços oferecidos aos visitantes, como, alimentação e entretenimento, estimulando a abertura de restaurantes, a capacitação da mão de obra e o aumento do tempo de permanência do turista na cidade. No mesmo ano foi criado o Centro de Informações Turísticas (Cintur). Assim, Santana de Parnaíba, que antes era classificado apenas como "Município com potencialidade turística", recebeu da Embratur a classificação de "Município Turístico".

Hoje, o calendário turístico e cultural inclui festas durante o ano todo. É a única cidade da região metropolitana de São Paulo a contar com uma festa em que prevalece a tradicional apresentação de blocos e desfiles de escolas de samba. O Drama da Paixão, montagem teatral encenada ao ar livre, acontece durante a Semana Santa. Os meses seguintes abrigam Festa do Trabalhador e a Festa do Cururuquara, em comemoração à abolição da escravatura e em louvor a São Benedito, padroeiro dos escravos. Em junho é celebrado o Corpus Christi, quando um tapete de serragem colorida com quase um quilômetro, que decora diversas ruas do Centro Histórico, é a passagem da tradicional procissão religiosa. Neste mês, ocorre ainda o encontro de Antigomobilismo e a Festa de Santo Antônio do Suru, romaria em homenagem a Santo Antônio.

No segundo semestre, julho é o mês da Festa da Padroeira Santa Ana, celebrada com quermesses, *shows* musicais e queima de fogos, procissão e missas. Em setembro, além do Desfile Cívico, o Dia Mundial do Turismo marca o encontro de jipeiros para passeio de turismo *off-road* pelas trilhas da cidade, além de competições *indoor* e provas de automobilismo. O ano termina com a Festa das Crianças, em outubro, e o aniversário da cidade, com uma grande festa aberta a toda a comunidade, em novembro.

Finalmente, em dezembro, o presépio de Natal é montado em uma área de 400 metros quadrados na Praça Quatorze de Novembro, o maior da região. Também os programas culturais ocorrem durante todo o ano, como a Feira de Artes e Artesanato, e o projeto Música na Praça.

Santana de Parnaíba conta com muitas atrações turísticas. O Centro Histórico abriga a maior parte dos cartões de visita da cidade, como a Casa da Cultura Monsenhor Paulo Florêncio da Silveira, que ocupa um sobrado construído no século XIX, um exemplar típico das construções paulistas da época.

Doado e construído de ferro, em 1892, com matéria-prima proveniente da Inglaterra, o Coreto Maestro Bilo é um dos mais belos monumentos históricos da cidade. O Museu Histórico e Pedagógico Casa do Anhanguera é uma edificação típica do século XVII, que preserva a tradição urbana das primitivas moradas paulistas. Usada como residência bandeirista urbana, presume-se que ali morou Bartolomeu Bueno da Silva, o Anhanguera. E tem o Monumento aos Bandeirantes, na entrada da cidade — uma interessante obra do artista plástico Murilo Sá Toledo, residente no município, que reconta a história de Santana de Parnaíba num cenário mágico que remonta ao passado.

A Igreja Matriz de Santa Ana é o marco mais importante do município, primeira a ser erguida na cidade, em meados de 1560, em honra a Santo Antônio. Inicialmente, a pequena igreja era feita de pau-a-pique e coberta de folhagens. No ano de 1580, foi construída a segunda capela, dedicada a Santa Ana. Em 1610, uma terceira capela foi erigida também por André Fernandes e, em 1625, foi elevada a matriz, hoje conhecida como Paróquia de Santa Ana. A edificação atual, datada de 1892, tem estilo eclético, com piso em canela preta e altares repletos de ricos detalhes. O Centro também abriga dois importantes monumentos, o primeiro em homenagem a Frei Agostinho de Jesus, que esculpiu a imagem de Nossa Senhora da Conceição em argila, conhecida hoje como Nossa Senhora Aparecida, a padroeira do Brasil; o segundo é o busto em honra a Suzana Dias, também esculpido por Murilo Sá Toledo.

No entorno da cidade, entre Santana de Parnaíba e Pirapora do Bom Jesus, uma das atrações é o Morro Voturuna, ou Morro Negro, o ponto de partida dos bandeirantes e núcleo minerador da Capitania de São Vicente. Também são visitados pelos turistas os pesqueiros localizados em chácaras, sítios ou fazendas, a Rota da Cachaça, uma vez que a cidade cultiva a tradição dos alambiques de aguardente, e onde estão localizados os tradicionais engenhos Caninha do Moraes e Engenho do Osiris.

Localizada na Estrada dos Romeiros, na Cachoeira do Inferno, às margens do Rio Tietê, a Barragem Edgard de Souza, inaugurada em 23 de setembro de 1901, foi a primeira usina hidrelétrica da Light no Brasil, construída pela concessionária canadense Light & Power Company, e também a primeira hidrelétrica a abastecer São Paulo. Porém, um dos roteiros mais procurados por caminhantes que apreciam o turismo rural, e também por devotos, por ser conhecido como uma versão brasileira do Caminho de Santiago de Compostela, é o Caminho do Sol. O trajeto começa no Centro Histórico de Santana de Parnaíba e inclui doze cidades paulistas, em 240 quilômetros de extensão, por meio de trilhas, até Águas de São Pedro, onde se encontra a imagem de São Tiago, marcando o final da peregrinação.

Mais reconhecimento, mais conquistas

Hoje, Santana de Parnaíba tem uma das menores taxas de mortalidade infantil do Brasil. A favelização foi estancada, com a regularização de loteamentos. A cidade deixou de ser apenas um dormitório de milhares de trabalhadores que se deslocavam diariamente para São Paulo e outros municípios. Atualmente, são gerados 50 mil empregos, e isso significa que em oito anos o percentual de empregabilidade cresceu 250%. E não podia ser de outro jeito porque, nos oito anos da nova revolução parnaibana, o número de empresas no município subiu de 400 para 5 mil estabelecimentos. O setor de serviços cresceu incríveis 948%. Em consequência dessa chegada de novos capitais, a receita obtida por meio de impostos, que atingia o total de 28 milhões de reais em 1997, saltou para 135 milhões em 2003. O destaque foi o aumento da arrecadação do ISS, que no mesmo período passou de 600 mil reais para 35 milhões.

É importante salientar que Santana de Parnaíba faz parte do reduzido grupo de cidades que cobram os mais baixos impostos do país.

Após catorze anos de déficits orçamentários, a cidade passou a ter a capacidade de investir no que tem de melhor: sua história, suas tradições culturais. Sem elas, Santana de Parnaíba teria desaparecido do mapa em vários momentos-chave de sua existência, conforme foi mostrado nos capítulos anteriores. No final de 2006, foi aprovado pela Câmara Municipal, por unanimidade, o novo Plano Diretor Municipal, com vigência de 2006 a 2013. Para a sua elaboração, a prefeitura realizou várias audiências públicas, que contaram com a participação e sugestão de moradores da cidade.

O Projeto Oficina Escola de Artes e Ofícios (POEAO), ação da Secretaria Municipal de Cultura e Turismo de Santana de Parnaíba, mais uma vez é reconhecido internacionalmente pelo seu trabalho social realizado junto aos jovens da cidade. Desta vez, como já mencionado anteriormente, conquistando o prêmio de Serviço Público da Organização das Nações Unidas (ONU), concedido aos países que comprovaram excelência na prestação de atendimento à população.

Para a população da cidade, foi uma alegria muito grande saber que uma organização de grande respeitabilidade mundial, como a ONU, reconheceu o mérito desse programa social desenvolvido na cidade. Até porque não há como negar a importância social e cultural do POEAO. Ao mesmo tempo em que resgata a cultura e a tradição das cidades, com o restauro do seu patrimônio histórico, o projeto recupera a autoestima dos jovens envolvidos, que aprendem uma profissão.

Quando o Oficina-Escola veio para Santana de Parnaíba, todos acreditaram na sua enorme competência como projeto social e cultural. Receber o prêmio da ONU deixou felizes não apenas os jovens, que passaram pela iniciativa totalmente reinseridos na sociedade, mas também todos os moradores da cidade.

Ao todo, a ONU premiou doze países, em duas categorias, no ano de 2008. Além do Brasil, representado pelo POEAO, os outros foram Austrália, Índia, Jordânia, Ruanda, Arábia Saudita, África do Sul, Cingapura, Espanha, Tunísia, Suíça e Estados Unidos. A ONU criou, em 2003, o Programa Prêmio ao Serviço Público das Nações Unidas para Valorizar e Incentivar o Serviço Público. Concorrem ao prêmio organizações ou agências em níveis nacional ou subnacional de todo o mundo, assim como parcerias público-privadas e organizações executando funções de serviço público. A premiação contou com a participação de mais de 300 representantes de diversas nações, incluindo oficiais de primeiro escalão governamentais, representantes de Organizações Não Governamentais (ONGs) e especialistas.

Durante o evento, representantes de cada instituição vencedora apresentaram o trabalho desenvolvido em seu país. O evento acontece todos os anos, em 23 de junho, quando é celebrado o Dia das Nações Unidas para o Serviço Público. A data foi estabelecida pela Assembleia Geral das Nações Unidas com o intuito de promover atenção e discussões globais sobre a importância da administração pública. Em 2008, o certame também celebrou o 60º aniversário do Programa das Nações Unidas em Administração Pública.

E assim se passaram mais de quatro séculos da História de Santana de Parnaíba, que nasceu da primeira Entrada e foi o ponto de partida das Bandeiras mais importantes. Uma cidade cunhada na coragem, na luta e na capacidade de empreender e prosperar de gerações de homens e mulheres de fibra. Graças aos novos empreendedores, e à espera dos que estão nascendo agora e daqueles que virão nas próximas décadas, seja em Alphaville, na Fazendinha ou em qualquer outro bairro, a vila que descobriu o Brasil reencontrou a si mesma. E se tornou maior.

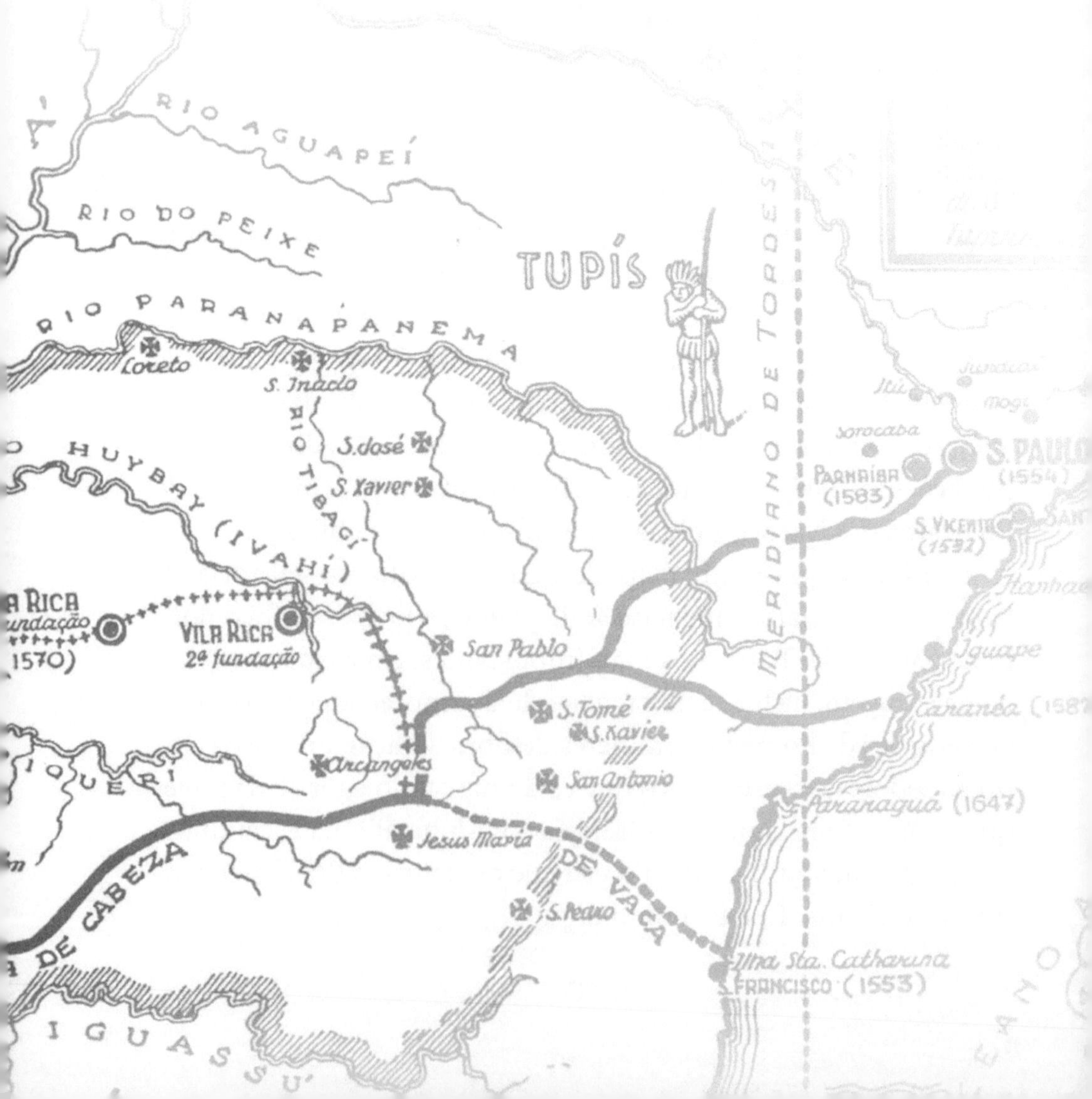

PREFEITOS DE SANTANA DE PARNAÍBA

*E*sta é a relação oficial, que consta das Atas da Câmara Municipal de Santana de Parnaíba. Observe-se que até o ano de 1907 os intendentes municipais eram designados pelos governadores do estado ou pela Câmara Municipal, e somente a partir daí passaram a ser chamados de prefeitos. Com a Revolução de 1930, ainda na fase do governo provisório do presidente Getúlio Dornelles Vargas, os prefeitos de Santana de Parnaíba passaram a ser nomeados, até o ano de 1936, pelos governadores de São Paulo. No ano de 1936, a nomeação voltou a ser feita pela Câmara Municipal. Com a instauração da ditadura do Estado Novo, em novembro de 1937, Vargas dissolveu as Assembleias Legislativas em todo o país e a escolha dos prefeitos de Santana de Parnaíba passou a ser atribuição dos interventores (governadores). Somente com a redemocratização, a partir do ano de 1945, é que os prefeitos de Santana de Parnaíba passaram a ser eleitos pelo voto popular — livre, direto e secreto.

A seguir, a relação dos intendentes e prefeitos:

(1897) José Pedroso de Oliveira Pinto
(1898) Joaquim Eufrásio Leite Penteado
(1899 – 1901) Joaquim Marques da Silva Sobrinho
(1902 – 1903) Alfredo Domingues Branco
(1904) Benedito Cyrino de Carvalho
(1905 – 1907) Major João Alves de Siqueira Castro
(1908) Joaquim Branco de Arruda
(1909 – 1910) Alferes Cândido de Oliveira
(1910 – 1913) Coronel Raymundo Inácio da Cruz
(1914 – 1916) Israel de Oliveira Pinto
(1917 – 1924) Pedro Antunes de Siqueira
(1924 – 1930) João José de Oliveira
(1930) Tenente Joaquim Domingues Branco de Moraes
(1931) Major Francisco Júlio César Alfieri
(1931 – 1932) Capitão Antero Alves Pacheco
(1932) Alfredo Domingues Branco
(1933) Belmiro da Silva Ponto
(1933 – 1934) Pedro Antunes de Siqueira
(1934) Manoel Fernandes Lacerda
(1934 – 1935) Alfredo Domingues Branco
(1935 – 1936) Juvenal Chaves de Oliveira
(1936 – 1937) Israel de Oliveira Pinto
(1938) Registro não localizado nas Atas da Câmara Municipal
(1939 – 1942) Israel de Oliveira Pinto
(1942) Antônio Branco
(1942) Benedito de Oliveira Pedroso
(1942 – 1944) Antônio Branco
(1944) Benedito de Oliveira Pinto
(1944 – 1945) João José de Oliveira
(1945 – 1946) Antônio Branco
(1946) João José de Oliveira

(1947 – 1948) Abelardo Marques da Silva
(1948 – 1951) Bernardino Marques da Silva
(1951 – 1955) Antônio dos Santos Brito
(1956 – 1959) Bernardino Marques da Silva
(1960 – 1963) Íris da Costa Machado
(1964 – 1968) Antônio de Oliveira
(1969 – 1972) Hidemi Kawamoto
(1973 – 1976) Bruno Comenho
(1977 – 1982) Gabriel Marques da Silva
(1983 – 1988) Victor Moreira Bastos
(1989 – 1992) Luiz Iwanaga
(1993 – 1996) Aristides Oliveira Ribas de Andrade
(1997 – 2003) Sílvio Roberto Cavalcanti Peccioli
(2004 – 2008) José Benedito Pereira Fernandes
(2009 – 2012) Sílvio Roberto Cavalcanti Peccioli
(2013 – 2016) Antonio da Rocha Marmo Cezar

RIO AGUAPEÍ

RIO DO PEIXE

TUPÍS

RIO PARANAPANEMA

Loreto

S. Inacio

S. José

S. Xavier

RIO TIBAGÍ

HUYBAY (IVAHÍ)

Itú

Sorocaba

PARNAÍBA
(1583)

S. PAULO
(1554)

S. VICENTE
(1532)

A RICA
undação
1570)

VILA RICA
2ª fundación

San Pablo

Itanhae

Iguape

Caranéa (1587)

IQUERI

Arcangeles

S. Tomé

S. Xavier

San Antonio

Paranaguá (1647)

Jesus María

DE VACA

S. Pedro

DE CABEZA

Ilha Sta. Catharina
S. FRANCISCO (1553)

IGUASSÚ

MERIDIANO DE TORDESILLAS

APÊNDICE II

POLICARPO, CULPADO OU INOCENTE?

Os documentos de acusação do tenente-coronel Policarpo Joaquim de Oliveira revelam um personagem pérfido e asqueroso. A pergunta que um estudioso de História deve fazer é: esse personagem realmente carregava tantas culpas? Ou teria sido vítima de pessoas que se consideraram injustiçadas ou mesmo perseguidas politicamente durante o período em que ele mandou e desmandou em Santana de Parnaíba? É bom esclarecer que Policarpo fora protegido do Morgado de Mateus, governador da capitania, e que as acusações foram feitas depois da mudança no governo, quando o Morgado estava em desgraça.

E quanto a essas pessoas, que pelo jeito não foram poucas, elas mentiriam a ponto de distorcer completamente a verdade e apresentá-lo como uma encarnação do diabo? O teor do documento enviado pelo governador Lobo de Saldanha ao Conselho Ultramarino parece indicar que o missivista é um homem sensato que reagiu com indignação a atitudes sórdidas praticadas por alguém no mais alto grau de mando na pequena vila. Teria o sucessor do Morgado de Mateus mentido descaradamente para castigar alguém que, somente por ter ouvido acusações de outras pessoas, passou a considerar como portador de tanta vilania?

E o réu? Sabendo-se que, mesmo tendo sofrido acusações pesadas, que poderiam incriminá-lo junto ao mais temível tribunal da época — a Inquisição, que continuou ativa em Portugal até o início do século XIX —, ao ser libertado da fortaleza de Santos, em vez de procurar refúgio seguro nos sertões coloniais ou mesmo na Bahia ou em Pernambuco, Policarpo optou por viajar até Lisboa a fim de contar sua versão dos fatos. Versão que, segundo ele, nunca foi levada em conta pelas autoridades que o prenderam e, mais ainda, sem formalidades jurídicas. Teria Policarpo se exposto a punições severas dos inquisidores do Santo Ofício se estivesse faltando com a verdade?

Como já foi assinalado, no capítulo que fala sobre esta polêmica do final do século XVIII, a única argumentação favorável a Policarpo é o pedido de libertação feito à Coroa portuguesa. Deste documento só obtivemos a parte que foi reproduzida no supracitado capítulo.

Quanto às demais folhas, as que serviriam à acusação e o levaram às masmorras da fortaleza de Santos, alguns dos documentos mais veementes contra o tenente-coronel Policarpo têm seu conteúdo reproduzido a seguir. E que o leitor faça seu próprio julgamento sobre tão polêmica figura. Afinal de contas, Policarpo era culpado ou inocente?

O primeiro documento, que se segue, foi redigido pelo capitão-mor Lobo de Saldanha e, ao que tudo indica, foi a principal peça acusatória.

"A excessiva proteção, que encontrou sempre no Governador, e General desta Capitania de São Paulo, meu antecessor Dom Luiz Antonio de Souza, o Tenente-Coronel de Auxiliares Policarpo

Joaquim de Oliveira, proteção com que se ofenderam gravemente os interesses da Real Fazenda, arrematando-se-lhe com
prejuízo dela por seiscentos mil réis em seis anos a Fazenda de
Araçariguama, que foi dos extintos Jesuítas, que agora, findos
eles, se acha arrematada por um conto e cem mil réis em três anos,
conduziu insensivelmente ao dito Tenente-Coronel, e precipita-se
nos maiores absurdos, que podem considerar-se, fazendo-se como
Régulo no distrito da Vila de Parnaíba, e Freguesia de Araçariguama.

Os primeiros passos que este mau vassalo andou a dar em
desserviço de Vossa Majestade, e opressão daquele Povo, em parte
disfarçou a mesma cega proteção com que era favorecido, e em
parte encobriu ele mesmo à sombra do valimento, que se lhe
descobria para com aquele Governo, e maiores forças, em que o
constituía um arrendamento feito em tanto prejuízo da Real
Fazenda. Dados estes primeiros passos, foi fácil ao dito Tenente-
-Coronel avançar ao despotismo a que chegou; porque os mesmos Povos, vendo que os primeiros excessos que ele cometeu, se
não castigavam, e que se eles se queixavam, não se lhe remedia-
vam as injustiças, e passavam por maior opressão, ficando sujeitos às iníquas vinganças e tratamentos que lhes fazia, sem terem
recurso; assentaram, que a não poderem largar as suas casas, o
menor dos males era sofrerem-no.

Ainda na minha chegada a esta Capitania, não se desengana-
ram os ditos Povos de que eu ouviria os seus clamores, e lhes faria
justiça; porque trazendo ordem para levantar dois Regimentos de
Infantaria, e regular os Auxiliares o nomeei por Tenente-Coronel
de Cavalaria Auxiliar, governando-me pelas informações que no
princípio do meu Governo me deram alguns de seus parciais, de
quem não deverá esperar o engano, e que segundo as obrigações
que têm ao serviço de Vossa Majestade, me deveriam falar verdade; e isto foi o mesmo, que ficarem se persuadindo aqueles Povos,
que ao dito Tenente-Coronel se continuava a mesma proteção, e que
eles deviam passar pela mesma opressão.

Mas como as opressões cresceram, e pelo tempo de minha continuação no Governo, se persuadiram, que eu não consentiria, que se fizesse aos Vassalos de Vossa Majestade, tão grandes opressões e injustiças de um homem que tão notoriamente se afastava de viver segundo o pedia a boa ordem e providentíssimas Leis de Vossa Majestade, principiaram as queixas tanto em Requerimentos, como em Cartas das quais mando por cópia quatro, três do Pároco da Freguesia de Araçariguama, que são do nº 1 a 3ª, e a quarta que vai no nº 4 do Capitão-mor da Vila da Parnaíba, nas quais me informavam ser ele mau Católico, por viver em uma vida torpe, e escandalosa, arrastando desta mesma outras muitas pessoas, e infamando muitas famílias, e assim por esta razão, como pelas vidências, que fazia a todo aquele Povo, muito mau Vassalo, me movi a mandar lançar o Bando, cuja cópia vai debaixo do nº 5, na Vila da Parnaíba, e Freguesia de Araçariguama, para que quem tivesse queixa até aquele tempo deste homem, pudesse livremente expô-la, na certeza de que se lhes faria justiça.

A bem de querer desabuzar por aquele Bando o Povo, de que o dito Tenente-Coronel não tinha a proteção, que desde o antecedente Governo afetava, nem se lhe consentiriam as suas violências e injustiças, quando a respeito dellas o mesmo Povo se não tivesse calado por medo, quiz igualmente, que por este desengano qualquer deles ficasse certo, de que sem temor do dito Tenente-Coronel podiam livremente lançar sobre a fazenda de Araçariguama pertencente à Real Fazenda, que estava proximamente a rematar-se, o que certamente nenhum do dito Povo faria, enquanto não estivessem desassombrados do terror, que haviam concebido. Este último fim já o consegui, porque a mesma Fazenda, que por seis anos andava em seiscentos mil réis, na forma, que consta da Certidão de nº 6, foi rematada por três anos em um conto, e cem mil réis, como mostra a outra nº 7.

Também consegui por este Bando ficar no perfeito conhecimento do que já de algum modo me haviam instruído os Requerimentos, e cartas, de que tenho feito menção, da detestável conduta e péssimos costumes deste mau e pernicioso Vassalo, porque por efeito dele acudiu grande parte do Povo da Vila de Parnaíba, e Freguesia de Araçariguama, como de montão a representarem-me as injustiças e os crimes que o dito Tenente-Coronel havia cometido, e em que continuava, que substanciarei a Vossa Majestade nos parágrafos seguintes.

É pública, e escandalosamente mal procedido, porque além de viver sordidamente amancebado, tem promovido, e continuado na sua própria casa, funções, bailes da qualidade que são proibidos nesta América, por serem seminários de ofensas de Deus, a que ele agride com seus apaniguados, e além de pessoas de diferente sexo, que voluntariamente vão, e obriga a ir, pelo temor que lhe têm, outras honestas, e recolhidas, nascendo daqui a perdição de muitas, e o descrédito de todas; consta das cartas nº 1 a 3 do seu próprio Pároco; da de nº 4 do Capitão-mor, e da de nº 8 de uma mulher viúva recolhida e honesta, que suposto o despotismo do dito Tenente-Coronel não podia dar providência para a conservação da honra, e crédito de sua casa, e de uma filha, que tem.

Levantou uma forca, a que chegou a fazer subir padecentes, com alva vestida, com baraço, pregão, e Algoz; e declinando da pena última, a que os havia condenado, a rogos do Padre, que os acompanhava, sempre os fez açoitar pelo Algoz; consta das cartas do Capitão-Mor da Parnaíba do nº 9 (...) galés em que meteu homens livres, e os fez nelas trabalhar em utilidade sua própria; consta das mesmas cartas nos sobreditos números (...), teve finalmente prisões na sua própria casa, nas quais despoticamente metia os seus inimigos, e a quem lhe parecia; as cartas dos mesmos números o fazem certo. Não preciso ponderar a Vossa Majestade a atrocidade destes delitos, e que eles unicamente podem nascer de um homem régulo e despótico.

Em utilidade própria fez com violência trabalhar muitos do Povo, sem lhes pagar, como foi na abertura de uma estrada, e feitura de um grande pátio, como mostram as cartas nº 9 a 11. Obrigou alguns do Povo a pagarem-lhe quantias que nunca lhe deveram, não tendo para esse fim recurso às Justiças de Vossa Majestade, mas sim ao seu único arbítrio; as mesmas cartas o fazem certo. Na Freguesia de Araçariguama, tendo uma grande criação de éguas, com elas se apropriou de todas as Fazendas vizinhas, porque trazendo-as despoticamente por todas, a ninguém era livre plantar, e utilizar-se do seu próprio bem, o que além de constar das mesmas cartas, se faz mais certo pelas do nº 14.

Na estrada por que se move o Negócio de animais, para Minas, dos quais se pagam consideráveis Direitos à Real Fazenda, fez por cartazes, para que os viandantes, deixando alguns sítios em que costumavam pousar, fossem obrigados a irem só àquele em que lhe fazia mais conta; e trazendo ao mesmo tempo pelas margens da estrada as suas éguas contra as proibições, no que se fazia despótico, e se prejudicava a Real Fazenda, consta do papel nº 15 assinado pelos Negociantes deste gênero.

Na cadeia entre homens livres, e escravos, chegou a mandar prender promiscuamente mulheres de bem, e de boa reputação; consta das cartas nº 16, e 17.

Estes são em compêndio os principais malefícios deste homem, em cuja vida parece não ter havido ação que não seja um crime, e todos impunidos; porque a princípio lhe valeu a proteção, e posteriormente o terror que tinha infundido nos Povos. Com a publicação do Bando do nº 5, vendo este homem que a sua conduta se havia de descobrir, se retirou desta Capitania, a que talvez passado algum tempo se torne a recolher.

Porém, como os grandes crimes não devem ficar impunes, ainda que sobre muitos destes tenha passado aquele tempo, dentro do qual se deve devassar, parece que Vossa Majestade se dignará a respeito do dito Tenente-Coronel mandar tirar Devassa, para que o seu exemplar castigo possa servir de exemplo nesta Capitania. Unicamente devo lembrar, que a respeito dele não é hábil, nem pode com satisfação averiguar a verdade o Ouvidor de São Paulo, porque lhe serve na ouvidoria de escrivão um cunhado do dito Tenente-Coronel Policarpo Joaquim de Oliveira, com quem o dito Ouvidor bem se une; outro qualquer Ministro de Letras pode bem examinar a verdade, e além das cartas, e informações, que faço presentes a Vossa Majestade, mostrarei ao dito Ministro outras muitas, que aqui não junto, para não fazer de uma Representação, um desconforme volume.

Como esses crimes de sua natureza são horrorosos, e de grande escândalo, e de qualidade, que é prejudicialíssimo à sociedade pública, que fiquem impunidos, eu por serviço de Vossa Majestade, e quietação deste Povo, quando a esta Capitania se torne a recolher o dito Tenente-Coronel Joaquim Policarpo de Oliveira, me resolvo a mandar metê-lo na prisão em custódia, até que Vossa Majestade se digne mandar devassar dele por qualquer Ministro de Letras, como sou obrigado a pedir a Vossa Majestade, atendendo ao bem, e quietação destes Povos.

São Paulo, a sete de Dezembro de mil, setecentos, setenta, e nove.
Martim Lopes Lobo de Saldanha."

Em seguida, uma carta do padre Antônio Ferreira de Meireles, da freguesia de Araçariguama:

"O impulso que me move o bem das Almas dos meus fregueses, e glória do Senhor que por sua bondade permite seja eu o Pastor delas, ainda que indigno para o ministério, me faz importuno, e enfadonho a Vossa Excelência, com os meus rogos.

Senhor, tenho certeza, que o Tenente-Coronel Policarpo Joaquim de Oliveira procura com excesso tornar a ficar Arrendatário da Real Fazenda do Colégio desta Araçariguama. Para se refundir de todo esta Freguesia com perdição de muitas Almas, e a do dito, não é conveniente, e nesta não exponho a Vossa Excelência as causas, porque em duas que já tenho escrito a Vossa Excelência as tenho manifestado muito pelo miúdo, e esta só serve de lembrar a Vossa Excelência para que com os olhos em Deus queira proteger, amparar, e defender estas pobres ovelhas do Senhor, e vassalos humildes de Sua Majestade, a quem juntamente causa prejuízo este homem pelo desassocego, e vexame com que os tráz enredados.

Fico rogando a Deus, e à Virgem Senhora da Penha, orago desta Freguesia, para que conserve a Vossa Excelência, para amparo e aumento desta Capitania, com saúde e felicidades por muitos anos.

Araçariguama, dezenove de Fevereiro de mil, setecentos. setenta, e nove.

Antônio Ferreira de Meireles".

Carta de Antônio Corrêa de Lemos Leite, com uma extensa relação de delitos atribuídos a Policarpo. Foi escrita a pedido do Capitão-mor Lobo de Saldanha e a ele endereçada.

"Em obediência à estimável carta de Vossa Excelência, de vinte de fevereiro próximo, em que me ordena dê individual relação dos fatos iníquos do proceder o Tenente-Coronel Policarpo Joaquim de Oliveira, para melhor se autuar Vossa Excelência dá conta que do mesmo dei em carta de dois do dito mês pelo desassocego em que vive o povo de Araçariguama são os seguintes:

Dona Antônia, Angélica, Albina senhoras muito principais, e graves, sobrinhas solteiras do Mestre de Campo José de Goes e Sequeira, que vivem em um sítio no Bairro de Araçariguama, que lhes deu o dito Mestre de Campo, estas não podem plantar em toda do dito sítio por causa da eguada do Tenente-Coronel, que giram em si a roda dos muros do mesmo sítio, fazendo dos muros barreiro; vivem tão oprimidas, que sendo-lhes necessário sair para a porta da rua, ou do quintal, são vistas do dito, e seus peões quando juntam a eguada, por não tratarem as ditas senhoras com aquele respeito devido, sendo este fato origem de alguma falsa suposição; e ainda não satisfeito, está abrindo um valado para potreiro de seus animais nos fundos do mesmo sítio, inculcando poderem utilizar também as ditas senhoras, que tudo consentem só por se livrarem de diversos danos; e por não suportar o exposto o irmão mais idôneo que as acompanhava, se foi para as Minas de Mato Grosso.

Maria Leite, viúva que ficou de Antônio da Silveira, não podendo conservar umas vacas, mudou-as para outra parte, e assim os cavalos por causa do dito não obstante estarem em terras próprias, onde pôs o dito uma porteira como que se fossem as terras suas.

Dona Inácia Buena de Brito, senhora de uma fazenda chamada Capela da Piedade, não pode ter um cavalo por causa da mesma eguada, a esta Senhora, seus fâmulos têm marcado algumas reses dizendo são suas.

Antônio Ribeiro de Barros há dois anos que não pode aproveitar suas roças de milho feitas com seus braços por estar pobre, por causa do gado do dito, e pedindo-lhe paga, o atemoriza.

Lucas Pedroso Dias, correndo um pleito a respeito de um mulato com Maria do Rosário no Juízo desta Vila, atemorizou-o de tal sorte, que o fez desistir da causa, assinando um termo, e pagando a metade das custas, e por isso perdeu o dito Lucas a ocasião de tirar o dito escravo.

Inácio de Morais, Alferes da Ordenança, estando pilando uns muros em seu próprio terreno, o fez largar, dizendo-lhe, que se continuasse o havia de remeter em uma corrente a Vossa Excelência.

João Francisco da Cruz, sendo senhor de um sítio há muitos anos, por ter se apossado o dito Tenente-Coronel de outro de uma comadre, que diz tem terras que parte com aquele, não tendo pago desde seus princípios foro, o fez pagar quatro patacas só do lugar da casa, dizendo, que o lugar da casa está em suas terras, sendo que nem são suas, ainda que fossem o havia mostrar por uma medição, que o lugar daquela casa é pertencente a suas terras.

Inácio Xavier Bicudo de Barros tendo dois sítios, e desejando o dito Coronel possuir, procurou um crédito, que estava em poder do Reverendo Doutor Manuel Mendes de Almeida, vigário desta Vila, para que não fossem rematados. O Capitão Bernardo Bicudo irmão do devedor resgatou-os, só para que não ficasse a cunhada em ausência do dito Inácio Xavier seu marido, na rua, sendo que se tratavam com grande amizade.

O Capitão Bernardo Bicudo e assim sendo senhor do melhor sítio, e pastor, do pouco com que fabrica de açúcar, querendo o dito Tenente-Coronel possuir, procurou fosse vexado por uma parcela que deve a mesma sua Igreja matriz, não obstante ter a seu favor ordenado seu testamento a Mãe do dito Capitão, não fosse constrangido, nem pelos juros enquanto quisesse ter em si aquela quantia; este está privado de poder conservar cavalos nos seus próprios cercados, e pastos por causa da eguada do dito Tenente-Coronel, tão oprimido, que lhe tem chegado a mandar arrombar algumas tapagens.

O mesmo Capitão tendo uma estalagem na Estrada do Pouso da terra baixa, não dá despedição aos efeitos da sua casa, por não-poderem pousar os viandantes, condutores de cargas, e tropeiros, por causa da dita eguada, que está por todo aquele pasto, por meio do qual passa duas estradas geral, uma que vai para a Vila de Itu e para as partes do Cuiabá, outra que vai para a Vila de Sorocaba, Vila da Curitiba, e Continentes do Sul, e para que nenhum por ali possa pousar pôs uma ordem na paragem chamada Restinga sua ordenando dali passem avante, e que ninguém possa parar, nem pousar na paragem impedido, sem refletir que o prejuízo é considerável, e por isto clamam os viandantes, que nunca experimentaram semelhante vexame, e nem se viu que eguadas se pudessem conservar entre duas estradas em povoação de tanta vizinhança, e terras lavradias, como é aquela, mas sim se criam em Campos Realengos, sendo origem de nenhum poder conservar cavalos para condução de seus mantimentos, nem ainda poder plantar nas suas terras como desejavam.

O Guarda Mor Rodrigo Pedroso de Barros por defender a casa de seu Tio, Pai, e mais parentes, e a umas terras que comprou na terra nova para com mais brevidade o poder vencer levantou fazia ciladas para o matar, sendo hoje notório, que ele foi, e o seu capataz Inácio Bicudo os engenheiros, e para melhor autenticar a sua maldade insinuou às testemunhas o que elas haviam de jurar, como eles têm confessado.

A Inácio Ribeiro Leite, sendo seu compadre, e amigo, desejando-o vexar para assim tomar alguns escravos por menos do seu valor, sabendo que devia uma parcela de dinheiro ao Alferes Jordão, houve assim o dito crédito, e com ele intentou oprimi-lo, o que obviou pagando.

Aos Forros que foram daquela fazenda, por lhe não trabalharem, e se vingar deles, e estarem alguns em casas particulares, procurou transportá-los para fora de seus domicílios enganando para isso a veneranda presença de Vossa Excelência com um requerimento falso, que fez contra os mesmo pobres forros, aos quais inteirando-se Vossa Excelência da verdade os tornou a mandar por na sua inteira liberdade.

Na fazenda que está arrendatário só se ocupa em mediar funções com danças desonestas, e com ajuntamento de mulheres, que conduz de sua cidade, e do mesmo bairro, sendo causa de haver suposições em pessoas que por suas qualidades são estranháveis, por prudência não declaro os nomes para melhor autuar Vossa Excelência.

Finalmente, Senhor, é homem que por sua malevolência todos o temem tanto que a mesma Câmara desta Vila não duvidam fazer quanto intentar o dito; donde se segue se não administrar a Justiça como determinam as ordenações de Sua Majestade, como se vê, quando culpada Maria da Costa mulata forra desta Vila por administradora de feitiços, se o pôs o dito a livrá-la, apelando à relação do Rio de Janeiro, e na verdade conseguiu, sendo fiador da dita; vindo o dito Tenente-Coronel da dita Cidade (?) a publicar tinha trazido a sentença, e sem apresentar até hoje, assim se conserva, andando a dita mulata solta.

Mostra-se tanto ser dessa consciência o dito Tenente-Coronel, que por não querer satisfazer o preceito de pagar dízimos a Deus, como é devido a todo o Batisado debaixo de pena mortal, se valeu de uma Testação falsa menor verdadeira, que fez aos Doutores dessa Cidade, ao que responderam uns a seu favor, e outros contra o dito; porém estas que não lhe fizeram a bem as ocultou, e não apareceu com ele, para assim poder conseguir o seu caviloso intento.

Mostra-se mais, que para colorar os meios de seu escandaloso viver, mandou a esta Vila duas Atestações proximamente para a Câmara assinar, e por não serem justas, o Juiz que naquela ocasião residia, impugnou e não as quiz assinar, que não sucedeu aos mais oficiais, e vendo o dito, que por falta de assinatura do Juiz se havia reparar, foi ter com outro Juiz, que estava fora do mês, e debaixo de malícia, ou temor, as assinou, isto supõe-se ser a respeito da Fazenda, em que se acha por arrendamento.

É tão mordaz, que não conseguindo de Vossa excelência a cega obediência do Sargento-mor, e ajudante, nem o castigo que apetecia ao Sargento-mor Teotônio, deu uma carta a Sua Majestade, queixando-se de Vossa excelência, e representando, que se não precisava de Sargento-mor, e ajudantes pagos, em que nos regimentos sujeitos suficientes haviam.

Agora de presente, não obstante estar o dito nessa Cidade, mandou que o seu Capelão, e Joaquim de Araújo Pais, corressem aqueles moradores queixosos, e fizessem assinar um papel, como com efeito assinaram, a fim de botar abaixo ao Guarda mor Rodrigo Pedroso de Barros, e não obstante a queixa, que tantos têm do dito, de medo assinaram papéis, e farão tudo quanto o dito intentar, e na mesma forma os pobres oficiais da Câmara.

Parece, Senhor, que este homem é o mais indigno nesta Capital, o mais falho que se pode dar, merecedor de ser expulsado para parte onde não faça mal a tantos; e se Vossa Excelência, com a justiça que sabe repartir com estes Povos, pode dar remédio a tantos males, e por ao Povo daquele Bairro de Araçariguama, e viandantes, nos seus antigos sossegos, no que todos esperam na retidão de Vossa Excelência.

Villa da Parnaíba, vinte e seis de Fevereiro de mil, setecentos, setenta, e nove.

Antônio Corrêa de Lemos Leite".

Comunicação de Martim Lopes Lobo de Saldanha aos moradores da vila. Primeira pena imposta a Policarpo, no caso das éguas soltas.

"Faço saber aos moradores da Vila da Parnaíba, e Freguesia de Araçariguama, que a mim me constou, e foram presentes muitas, e repetidas queixas do procedimento, vida, e costumes do Tenente-Coronel Policarpo Joaquim de Oliveira com os quais perturbava, e inquietava ao Povo dessa Vila, e freguesia, e aos viandantes com éguas, que traz no circuito della por terras lavradias, e por estradas que vão para Itu, Sorocaba, Cuiabá, Curitiba, e partes do Sul com cujas éguas prejudica aos vizinhos nos seus sítios, que não podem conservar um cavalo além do gravíssimo dano, com que as mesmas causa aos tropeiros, condutores de cargas, que não podem em seus pousos conservar os seus cavalos, e que é tão prejudicial ao Povo o mesmo Tenente-Coronel, que todos o temem, e que suborna as justiças; tanto, que a Câmara dessa Vila não duvida fazer o que ele intenta; e além desta queixa geral que tenho do dito Tenente-Coronel Policarpo Joaquim de Oliveira, são muitas as particulares que dele tenho, de sorte que me é constante os despotismos, que obra, e o desassossego em que vive aquele Povo, ao qual desejando por em sua tranquilidade e sossego, e em utilidade do bem comum, se me faz preciso dar as providências úteis, e necessárias, para o que: Mando ao dito Tenente-Coronel Policarpo Joaquim de Oliveira, que com pena de prisão no termo de oito dias peremptórios retire aquelas éguas dos pastos, onde existem, para parte donde não prejudiquem ao público, nem àqueles moradores; e o advirto, que os não perturbe de maneira alguma, nem se intrometa com a Justiça e a Câmara da mesma Vila: E quaisquer moradores dela que tiverem queixa do dito Tenente-Coronel ma representarem por escrito, sem temor, nem receio algum, pois lhes hei de administrar justiça, e tudo afim de tranquilizar esse Povo; e para que isso assim se observe, e vir à notícia do dito Tenente-Coronel, e mais moradores da Vila da Parnaíba e freguesia de Araçariguama, mandei fazer este Bando, que será publicado a som de caixas pelas vias públicas da mesma Vila; e se afixará nos lugares públicos, e depois registrado em Câmara; o que tudo fará executar o Capitão-mor da dita Vila. Dado nesta Cidade de São Paulo, somente por mim assinado, e selado com o selo de minhas Armas.

Francisco Pereira Cardozo Barros o fez aos cinco de Março de mil, setecentos, setenta, e nove.

O Secretário do Governo José Inácio Ribeiro Ferreira o fez escrever.

Martim Lopes Lobo de Saldanha".

Nova carta de Antônio Correa de Lemos Leite, referindo-se à instalação da forca, entre outras acusações.

"Ilustríssimo, e Excelentíssimo Senhor.

A causa do temor destes povos são os absolutos procedimentos do Tenente-Coronel Policarpo Joaquim, são estes infinitos, porém só se declara alguns, que são contra as Ordenações de Sua Majestade com que vexou estes Povos no tempo do governo do Senhor Dom Luiz (*referência ao Morgado de Mateus*), e por isso não foi no indeviduar que mandei a Vossa Excelência.

Um Patio que o mesmo Tenente-Coronel à força e despoticamente mandou fazer pelos povos desta Vila só por conveniência sua, por ter ao pé do mesmo principiado taipas para umas casas, em cujo serviço foram violentados estes povos, saindo um com

uma perna quebrada, outro bem espancado pelo mesmo Tenente-
-Coronel; durou este serviço muitos meses aonde gastaram
dinheiro para se pagar a um pedreiro, este sustentavam todos a
sua custa, e não ficou pessoa alguma que não experimentasse este
vexame, e por isso é público; e passou sem castigo.

Uma forca que levantou na Fazenda, aonde chegou a subir
padecente com baraço ao pescoço, com carrasco, e Padres,
donde por peditório do capelão com uma imagem do Senhor
crucificado, o desceram da Forca, e pelo mesmo carrasco foi
açoitado o padecente, em até ficar sem fala, que em braços o
levaram para uma prisão, que lhe chamam cárcere privado,
contra todas as ordenações de Sua Majestade, que até o presente
tem o dito abusado, e ficou sem castigo.

Umas galés, em que trabalhavam tanto homens libertos, presos
em uma corrente debaixo de sentinela de soldados, e entre estes
alguns foram açoitados, como se fossem escravos, e alguns destes,
nem eram administrados da fazenda, como um João Leite, homem branco, que também andou preso, e trabalhou três meses
nas ditas Galés, como se fossem estes homens criminosos, e julga-
dos pelas justiças de Sua Majestade; passou isto sem castigo.

Um caminho de carrom que mandou abrir por estes povos
para utilidade sua, para conduzir nos seus carros planta de
cana para a fazenda, foram certamente estes povos vexados, e
bem violentados, e tudo fizeram à sua custa os pobres povos;
tudo passou sem castigo.

Um José Lopes, homem branco nesta rua, foi bem ultrajado com
pancadas, até o mandou arrastar pela rua, depois que o derrubou
por uma perna do cavalo abaixo, e ainda tal violência se não conta
houvesse ainda nos tempos antigos; passou sem castigo.

Os castigos que faz naqueles pobres escravos da fazenda são cru-
delíssimos, e sem piedade, e na mesma forma as prisões, que os faz
exasperar, sem lhes dar a sustentação necessária, e nem vestuário, e
só cuida em os atropelar com rigorosos serviços, não se contentando

só em os fazer trabalhar de dia, mas também trabalhar de noite, sendo a sustentação destes miseráveis rigorosos açoites, que por providência da Padroeira a senhora da Conceição não têm estes pobres exasperados de todo. Estes castigos, e rigor, em até agora pratica, e sempre o fará enquanto estiver na Fazenda.

Conservou em um cárcere, ou prisão, na Fazenda, a muitos homens libertos, forros de sua nascença, entre eles o dito João Leite, o que certamente é muito nocivo, e contra as ordens de Sua Majestade, pois se eram criminosos os remetesse para as cadeias da mesma Majestade, pois proíbe o mesmo Senhor a semelhantes prisões inda em qualquer pessoa, quanto mais em pessoas livres presas em casa de seus inimigos.

Estes procedimentos do Tenente-Coronel é na forma que relato, e com eles intimidou a estes povos, porque tudo passou sem castigo, sendo culpas que muito agravam as Justiças de Sua Majestade; e como estes povos tem experimentado, e visto este procedimento, todos tomavam medo, de sortes que estavam prontos para fazer tudo quanto o dito quizer, e na mesma forma a Câmara, que inda a poucos dias lhe assinaram as atestações falsas.

Muito mais podia eu expor a Vossa Excelência, porém cala a minha prudência, por não ficar desacreditadas pessoas de qualidade do termo desta Vila e de sua Cidade.

Vila de Parnaíba dez de março de mil, setecentos, setenta, e nove.

Antônio Correa de Lemos Leite".

Carta de José Fernandes Pedroso, agradecendo ao Capitão-mor pelas punições impostas a Policarpo e reclamando dos prejuízos que este supostamente lhe causou.

"Ilustríssimo e Excelentíssimo Senhor.

A Deus de contínuo dou graças, a Deus pela vida de Sua Majestade, por se dignar conservar a Vossa Excelência no Governo desta Capitania, conhecendo talvez, que com a falta da nobilíssima pessoa de Vossa Excelência pereça estes povos; eu animado do Bando, que Vossa Excelência mandou publicar nesta Vila a favor destes Povos, contra os maus procedimentos do Tenente Policarpo Joaquim de Oliveira, vou por esta agradecer a Vossa Excelência tomar a si (...) na nossa antiga paz, e sossego, pois que todos viviam desgostosos, e tímidos, por que tendo o dito Tenente-Coronel cometido tantos males a várias pessoas do termo desta Vila, e ainda contra as ordens de Sua Majestade, como é levantar forca, e ter seus inimigos presos em sua casa, assim brancos, e pessoas libertas presas em correntes, trabalhando-lhe como se esses fossem presos de galés, e obrigando de poder absoluto a estes povos, fintando-os para a fatura de um pátio com o qual serviço muito vexados foram estes povos, e desatendidos com as pancadas, que o dito Tenente-Coronel fez pelas suas mãos. Infinitos são os delitos que este homem tem cometido, sem temor de Deus, e nem das justiças de Sua Majestade; e de isto tudo, que cometeu no tempo do Senhor Dom Luiz não teve castigo nenhum, por isso se tem adiantado nos males que faz a este povo, e temerosos não teriam dúvida fazer tudo quanto o mesmo Tenente-Coronel quisesse.

Eu, como Republicano desta Vila, e como pessoa do povo, ponho isso na presença de Vossa Excelência, porque também violentamenteme obrigou a dar um negro, e eu em pessoa, para o serviço do dito Pátio por tempo de uma semana, e fintado em trezentos e vinte; e como esse serviço mandou fazer para utilidade sua ao pé de umas casas que pretendia fazer, recorro a Vossa Excelência me mande satisfazer, como também com que vivamos em paz, e sossego antigo, pois só Vossa Excelência pode impedir, e do contrário pereceremos, ainda agora que estará fazendo Relação de todos os que se queixão a Vossa Excelência para ao depois se vingar deles.

Vila de Parnaíba, vinte de Março de mil, setecentos, setenta, e nove anos.

José Fernandes Pedroso".

Carta de José de Souza Nunes, militar subordinado a Policarpo, engrossando o coro de denúncias.

"Ilustríssimo e Excelentíssimo Senhor. Por me achar molesto não vou pessoalmente aos pés de Vossa Excelência a dar-lhe repetidos agradecimentos pela grande providência do Bando que Vossa Excelência mandou publicar nesta Vila a respeito do tanto que nela tem obrado o Tenente-Coronel Policarpo Joaquim de Oliveira, para que os povos escandalizados possam representar a Vossa Excelência a suas queixas, e ofensas que do mesmo Tenente-Coronel tem recebido, e o possam fazer sem aquele temor que dele tinham no tempo em que governava o Senhor Dom Luiz, com o qual (...) fazer-se um Pátio desnecessário entre a sua morada, e a Igreja da Matriz desta Vila à custa destes povos, e nesta fatura assisti eu com a minha Companhia da ordenança como feitor, e da mesma forma os mais Capitães, aonde um soldado meu quebrou uma perna, e o mesmo Tenente-Coronel espancou um soldado do capitão Inácio José da Silva, e até uma forca chegou a armar para nela enforcar um pobre mulato forro, o qual junto com o Capelão da dita Fazenda, e multidão de povo, com alva vestida, chegou às escadas da dita forca, e como lhe não resultou nenhum castigo, ficaram estes povos aterrorizados de tal sorte que dele não se atrevem a fazer queixa alguma; não sou mais extenso por não enfadar a Vossa Excelência, que Deus guarde felizmente para com a sua reta justiça conservar em paz a todos os seus súditos. Vila de Parnaíba a a dez de Março de mil, setecentos, setenta, e nove. De Vossa Excelência súdito muito Reverente.
José de Souza Nunes".

Agradecimento feito por José Castanho da Silva a Lobo de Saldanha pelas providências tomadas contra Policarpo. Nesta carta, Castanho da Silva, homem branco de Araçariguama, reclama ter sido mantido como escravo — situação também imposta à sua mulher e a outros parentes — pelo tenente-coronel Policarpo. Seguem-se, além da assinatura dele, a de mais 30 moradores da freguesia.

"Ilustríssimo e Excelentíssimo Senhor.

Animado com a esmola, e sempre feliz Bando de Vossa Excelência a favor destes povos de Araçariguama contra os maus procedimentos do Tenente-Coronel Joaquim Policarpo de Oliveira, vou com esta aos pés de Vossa Excelência queixar-me do dito, o que antes do Bando com temor o não podia fazer.

É bem público nesta Freguesia, e na Vila de Parnaíba, ser eu branco, e liberto de minha natureza, e sem atender a isto, de poder absoluto me mandou prender o dito Tenente-Coronel, tendo-me preso em sua casa em ferros, e tronco, fazendo-me trabalhar em todo o serviço como se eu fosse seu escravo, ou como aqueles, que pelas suas culpas são justiçados pelas justiças de Sua Majestade para trabalharem em umas galés, assim andei eu por tempo de quatro meses, aonde padeci os maiores rigores de prisões, e fome, e serviços, que certamente, que em até hoje experimentaria, se acaso Vossa Excelência não fosse servido quando chegou mandar ordens para que todos os forros libertos, que se achavam presos naquela fazenda fossem soltos.

Nesta mesma forma sucedeu a minha mulher Nazária Pedrosa, que sendo liberta, foi também constrangida, estando presa, e trabalhando por tempo de cinco meses em uma corrente, trabalhando como se fosse em umas galés, apanhando açoutes com uma palmatória, como que se fosse escrava, padecendo as maiores crueldades de fomes, e castigos, e prisão, e serviços.

Nesta mesma forma teve presa minha filha Joana, e de dia a acupava em fiar algodão, apanhando açoutes com uma palmatória até quase fazer-lhe as mãos em pedaços, como que se fosse escrava, que nem ainda a estes tenho visto serem açoutados com tanta crueldade; este procedimento tudo era a minha vida na prisão em que me achava, com lágrimas pedia a Deus justiça, pois naquele tempo do governo do Senhor Dom Luis não havia justiça para este homem, porque tantos, e tão públicos procedimentos... dito Senhor Dom Luis; por isso necessitados, e ainda receosos, rogamos, e pedimos a Vossa Excelência evite os referidos danos, descobrindo a este terrível homem o remédio, com que sosseguemos, e ao dito com que se salve.

Araçariguama, quinze de março de mil, setecentos, setenta, e nove".

Nova carta do alferes Antônio Corrêa de Lemos Leite, encaminhando mais um pacote de denúncias.

"O Juiz Ordinário desta Vila, Inácio de Moraes de Siqueira, Alferes da Ordenança da Freguesia de Araçariguama, me dá a saber os vexames que estão os pobres moradores da dita Freguesia, que todos os anos padecem grandes fomes, pela destruição que lhes fazem nas suas plantas as eguadas e gados do tenente-coronel Policarpo Joaquim de Oliveira, o qual não faz caso dos avisos, que os mesmos moradores lhe fazem, como melhor verá Vossa Excelência nas cartas juntas dos ditos moradores da dita Freguesia, e do Juiz Ordinário, e Alferes daquela Freguesia; por isto dou parte a Vossa Excelência para que ponha a este respeito as providências que for justo para o sossego daquela pobreza.

Deus guarde a Vossa Excelência com saúde muitos anos.

Vila da Parnaíba seis de Agosto de mil, setecentos, setenta, e nove.

De Vossa Excelência o mais humilde criado.

Antônio Corrêa de Lemos Leite".

Carta de João de Matos Raposo referindo-se ao encarceramento de sua mulher, Rita de Godói, entre homens negros e mulatos.

Neste documento, o queixoso ressalva o bom comportamento desses presos em relação à senhora branca aprisionada.

"Ilustríssimo e Excelentíssimo Senhor.

Eu como pesso o Povo, Republicano desta Vila, vou por meio desta agradecer a Vossa Excelência o mandar lançar nesta mesma Vila o Bando a favor destes Povos contra os maus procedimentos do Tenente Policarpo Joaquim de Oliveira, que certamente espero que Vossa Excelência ponha remédio a tantos males, que ainda poderá causar, e por serem manifestos não relato, e só sim o que sucedeu a minha mulher Dona Rita de Godói.

E vem a ser que sendo a dita minha mulher uma das mais principais desta Capitania, mandou o dito Tenente-Coronel prendê-la, e sem honra e decoro, que lhe devia dar, a mandou meter na cadeia entre homens, e negros, e nesta mesma forma conservou algumas moças donzelas, a qual minha dita mulher se recorreu a Vossa Excelência foi servido mandá-las soltar, ainda isto impugnou querendo-as tornar a meter na cadeia entre homens, e negros, cujo procedimento fez admirar a todos nesta Vila, porque nunca viram mulheres graves presas em cadeia entre homens, e mulatos.

Deus guarde a Vossa excelência com saúde para nos socorrer.

Parnaíba de março, dezenove de mil, setecentos, e setenta, e nove.

De Vossa Excelência o reverente súdito, e criado.

João de Matos Raposo".

Neste último documento, José de Oliveira Prestes, procurador da Câmara, queixa-se da prisão de sua mulher, bem como o encarceramento de donzelas moradoras na vila, e louva a decisão tomada pelo Capitão-mor de mandar prender o réu. Aproveita a ocasião e pede indenização pelos prejuízos que afirma terem sido causados pelo tenente-coronel Policarpo.

"Ilustríssimo e Excelentíssimo Senhor.

Dou infinitas graças a Deus; ao mesmo Senhor rogamos pela vida e saúde de Vossa Excelência; pois que no seu feliz governo, e Justiça, anima a estes povos com o seu feliz Bando, que Vossa Excelência foi servido mandar lançar nesta Vila contra os maus procedimentos do Tenente Policarpo Joaquim de Oliveira, e no mesmo nos tira Vossa excelência o medo, e o receio que tínhamos de nos queixar do mesmo, sem atenção ao venerando despacho de Vossa Excelência, que por eu ter dado dois filhos para o serviço de Sua Majestade, despachou Vossa Excelência, que se não entendessem os oficiais desta Vila com dois filhos menores, e sem atenção ao dito despacho me respondeu o Tenente-Coronel, que Vossa Excelência governava nessa Cidade, e o dito governava nesta Vila, mandou logo prender a minha mulher, e sem a atenção que devia ter a uma mulher grave a mandou meter na cadeia entre homens, e mulatos, e assim o fez a algumas donzelas, e todas foram soltas por ordem de Vossa Excelência, (...) qual será a consciência deste homem, que tantos delitos tem cometido contra o preceito de deus, e contra as ordens de Sua Majestade, que já Vossa excelência será ciente.

De poder absoluto obrigou a este povo a fazer um Pátio, para lhe ficar melhor terreno de fronte a umas casas novas, que pretendia fazer, aonde eu fui obrigado dele uma semana feitorizando, e fui fintado em uma pataca, a qual, e a semana que perdi, recorro à Justiça de Vossa Excelência me mande satisfazer, pois sou um pobre, e com família.

Eu como Procurador da Câmara sou obrigado a dizer a Vossa Excelência, que com temor do mesmo não tinham dúvidas os moradores desta Vila, e seu termo assinarem, e fazerem qualquer papel, e tudo o mais que o dito intendesse, como sucedeu assinaremos oficiais da Câmara duas atestações, que o Juiz Presidente João Martins da Cruz não quis assinar, e valeu-se o dito Tenente-Coronel do Juiz José Maurício não estando de mesa, e para o fazer assinar lhe levou a casa do mesmo Juiz, tudo fora dos termos que manda Sua Majestade, que manda, que fora da Câmara se não possa assinar papel algum.

Depois que assinaram os vereadores assinei também, eu como Procurador, com temor de qualquer castigo, que costuma obrar, como costuma, de cujo meu sinal me retrato, e não valha coisa alguma, pois o fiz com temor, e na mesma forma todo este povo farão o que o mesmo intentar se a providência de Vossa Excelência não impedir no tempo de seu feliz Governo, pois certamente a todos que agora se queixam a Vossa Excelência não cessará o dito em lhes procurar mil males, por ser inteiramente vingativo.

Vila de Parnaíba, vinte e dois de Março de mil, setecentos, setenta, e nove anos.

José de Oliveira Prestes.

Procurador da Câmara"

Como vimos, as acusações eram pesadas e na maioria dos documentos o tom dos autores das denúncias é bastante sensato, tendo em vista os horrores sofridos por tanta gente.

E, no entanto, o tenente-coronel Policarpo Joaquim de Oliveira, depois de um período na prisão, não foi incriminado pelas mais altas autoridades do reino, num tempo em que seus protetores direto e indireto, respectivamente, o Morgado de Mateus e o Marquês de Pombal, já não tinham mais nenhum poder. Ao contrário, Pombal, o maior inimigo da Inquisição portuguesa, estava preso quando o violento militar de Santana de Parnaíba conseguiu safar-se das acusações.

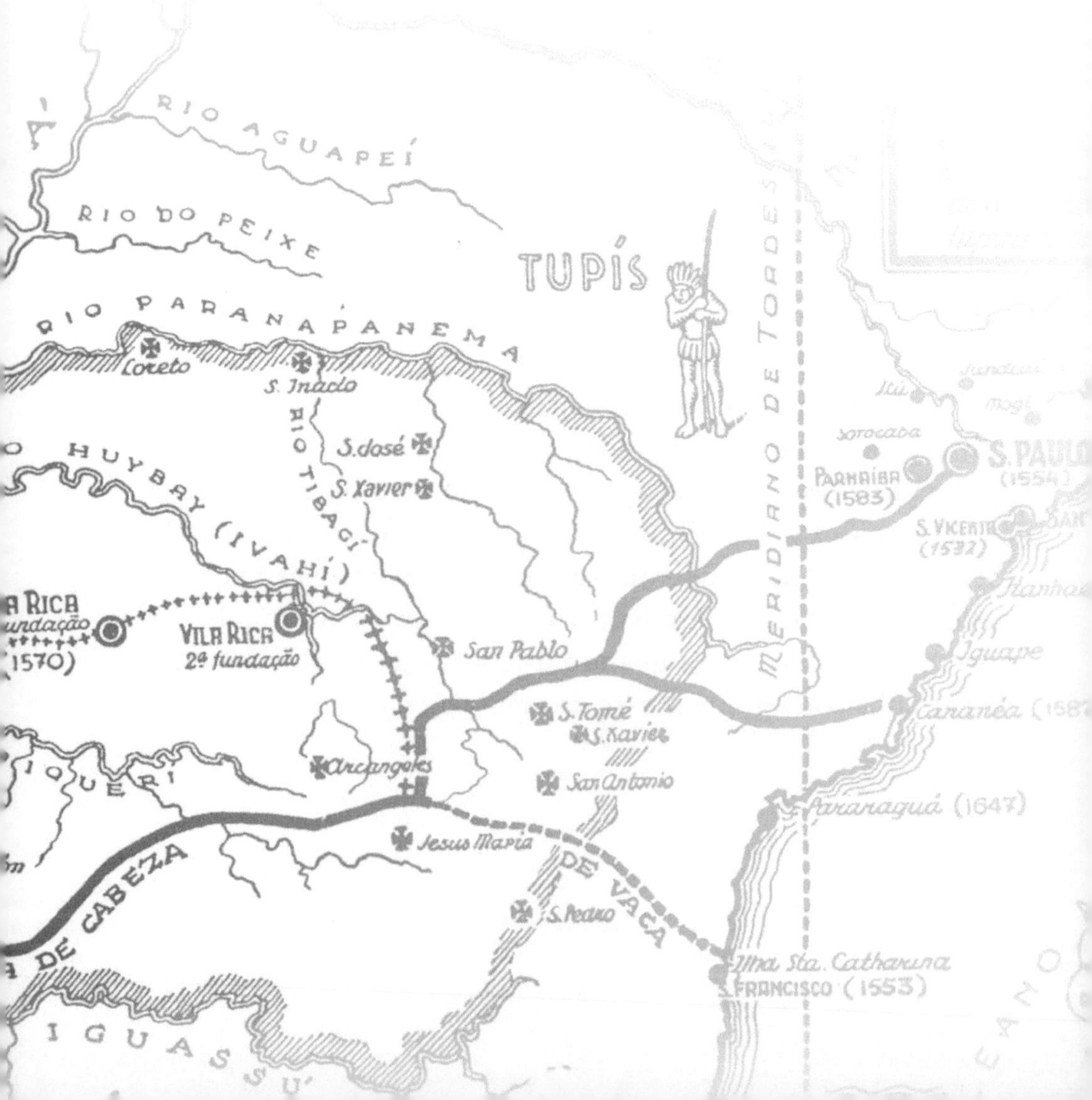
RIO AGUAPEÍ
RIO DO PEIXE
RIO PARANAPANEMA
TUPÍS
MERIDIANO DE TORDES
Coreto
S. Inacio
RIO TIBACÍ
S. José
S. Xavier
HUYBAY (IVAHÍ)
VILA RICA
2ª fundação
(1570)
San Pablo
S. Tomé
S. Xavier
Arcangeles
San Antonio
Jesus Maria
S. Pedro
DE CABEZA
DE VACA
IGUASSU
Itú
Sorocaba
PARNAÍBA
(1583)
S. PAULO
(1554)
S. VICENTE
(1532)
Itanhaem
Iguape
Cananéa
Paranaguá (1647)
Ilha Sta. Catharina
S. FRANCISCO (1553)

BIBLIOGRAFIA

JORNAIS
E REVISTAS

ABRANTES. Guarda republicana nacional recupera peças roubadas de capela. **Público**, Lisboa,p. 50, 19 de março de 1999.

ABREU, Manuel Cardoso de. Divertimento admirável para os historiadores observarem as máquinas do mundo reconhecidas nos sertões da navegação das minas de Cuiabá e Mato Grosso(1783). **Revista do Instituto Histórico e Geográfico de São Paulo**, vol. VI, p. 288.

ALEMÃO, Samuel. Burocracia trava recuperação: Monumento do Senhor roubado em avançado estado de degradação. **Público**, Lisboa, 29 de março de 1999, p. 43.

ALENCASTRO, Luis Felipe de. Memórias da província. **Veja**, p. 84-86, 13 de maio de 1992.

ALTMAN, Fábio. Um livro aberto. **Veja**, p. 48-49, 14 de agosto de 1991.

ÁVILA, Cristina. Viajantes e artistas estrangeiros: registro iconográfico de São Paulo. **O Estado de S. Paulo**, São Paulo, 13 de julho de 1991, Suplemento Cultura, p. 4-5.

BIBLIOTECA do Rio de Janeiro suspendeu mostra sobre a expulsão dos judeus de Portugal. **Público**, Lisboa, 8 de agosto de 1997, p. 44.

BOLAFFI, Gabriel. São Paulo, de vila a metrópole. **O Estado de S. Paulo**, São Paulo, 26 de janeiro de 1991, Suplemento Cultura, p. 6-7.

BORGES, Susana. Removido cavername de navio do século XV: descoberta na ria de Aveiro. **Público**, Lisboa, 15 de agosto de 1997, p. 24.

BORGES, Fernando. Uma aldeia paradisíaca nas flores. **Diário de Notícias**, Lisboa, 1 de outubro de 1999.

BRAGA, Isabel. Guerra na Casa dos Bicos. **Público**, Lisboa, 8 de novembro de 1997.

BOMFIM: reformada, a famosa basílica conserva a imagem do Senhor do Bomfim e a alegre devoção do povo baiano. **Época**, p. 56-57, 25 de janeiro de 1999.

CAMARGO, Padre Paulo Florêncio da Silveira. **História de Santana de Parnaíba.** São Paulo: Conselho Estadual de Cultura, 1971.

CAMPOS, Cíntia. Além de Salvador. **Veja**, p. 60-61, 4 de março de 1998.

CANABRAVA, Alice P. A evolução das posturas municipais de Santana de Parnaíba, 1829-1867. **Revista de Administração**, nº. 9, 1949, p. 34-62

CARVALHO, Manuel. Um museu no fim do mundo. **Público**, Lisboa, 2 de novembro de 1997, p. 30.

CEREJO, José Antônio. Ambiente faz obras ilegais. **Público**, Lisboa, 26 de setembro de 1997, p. 46.

 . Patrimônio mundial sem saída: acessos ao Palácio da Pena, em Sintra, constantemente engarrafados. **Público**, Lisboa, 15 de agosto de 1997, p. 38.

COLLA, Márcia. Vale do Ribeira: igrejas viram alvo de ladrões de imagens: peças seculares de origem portuguesa foram furtadas nos últimos quatro meses. **O Estado de S. Paulo**, São Paulo, 17 de junho de 1997.

COOKE, Robert; HOTZ, Robert Lee. Um cemitério de barcos romanos: descoberta anunciada em Washington. **Público**, Lisboa, 1 de agosto de 1997, p. 31.

CRUZ, Valdemar. Em nome de Deus: o mosteiro de São Bento da Vitória é um lugar vivo da memória da cidade do Porto. **Expresso**, Lisboa, 5 de abril de 1997, p. 62-67.

CULTO que é cultura. **Época**, p. 31, 21 de dezembro de 1998.

DECIA, Patrícia. Advogado denuncia favorecimento no IPHAN. **Folha de S. Paulo**, São Paulo, 3 de fevereiro de 1999, Folha Ilustrada, p.6.

Conselho repudia mudança no IPHAN. **Folha de S. Paulo**, São Paulo, 30 de janeiro de 1999, Folha Ilustrada, p. 5.

DUARTE, Dina. Bonito e sem vida: Reforma devolve beleza aos prédios do Recife antigo, mas o bairro continua sem animação. **Veja**, p. 110-111, 16 de dezembro de 1998.

FALCONE, Monica. Vaticano informatiza biblioteca. **O Estado de S. Paulo**, São Paulo, 26 de abril de 1994, Caderno 2.

FARIA, Gerson. Gandhy pede passagem: ao comemorar 50 anos de fundação e às vésperas de uma disputada eleição interna, o afoxé mais famoso da Bahia subverte as tradições. **Época**, p. 82-83, 8 de fevereiro de 1999.

O fogo consome o santuário. **Época**, p. 20, 25 de janeiro de 1999.

FORMAR recuperando o patrimônio. **Público**, Lisboa, 22 de agosto de 1997, p. 22.

GARCIAS, Pedro. "Só dou a chave ao presidente": Domus municipalis de Bragança entregue a uma septuagenária. **Público**, Lisboa, 13 de agosto de 1997, p. 22.

GIL, Nogueira. Memorial de um convento: Mosteiro de São Bento da Vitória, no Porto, comemora 400 anos. **Público**, Lisboa, 21 de março de 1997, p. 33.

GOMES, Margarida; SIZA, Rita. Museu da imprensa no matadouro. **Público**, Lisboa, 26 de setembro de 1997, p. 23.

GRANADO, Antônio. O rio dos neandertais. **Público**, Lisboa, 3 de outubro de 1997, p. 24-25.

GUANDALINI, Giuliano; GUIMARÃES, Camila. Faculdade de Filosofia, Letras e Ciências Humanas vai explorar engenho dos Erasmos: patrimônio histórico vive desprezado há quase 40 anos. **Jornal do Campus**, São Paulo, 20 de junho de 1995, p. 9.

HAAG, Carlos. Joia marítima de dom Pedro II volta a brilhar no Rio. **O Estado de S. Paulo**, São Paulo, 23 de janeiro de 1999, Suplemento Cultura, p. D8.

HENRIQUE, Cláudio. Pintura de cidade: uma inédita e luxuosa safra de livros de arte exalta a beleza natural do Rio de Janeiro. **Época**, p. 102-103, 21 de dezembro de 1998.

HENRIQUES, Ana. Património de levar no bolso. **Público**, Lisboa, 23 de fevereiro de 1999, p. 51.

HOLANDA, Eduardo; VARGA, Laszló. Bonito, mas maltratado. **IstoÉ**, p. 64-68, 11 de março de 1998.

HOTZ, Robert Lee; COOKE, Robert. Um cemitério de barcos romanos: descoberta anunciada em Washington. **Público**, Lisboa, 1 de agosto de 1997, p. 31.

JONES, Gareth. A cidade dos livros procura mecenas: biblioteca estatal russa, a segunda maior do mundo. **Público**, Lisboa, 8 de agosto de 1997, p. 27.

LARNAUD, Louis-François. Turismo e desenvolvimento: novas perspectivas. **Atlantis**, p. 56-58, julho-agosto de 1997.

LOPES, Denise. Uma reforma que muda o centro do Rio. **Jornal do Brasil**, Rio de Janeiro, 23 de janeiro de 1999, Caderno B, p. 1.

LOUZADA Filho, O. C. A cidade em fotos. **O Estado de S. Paulo**, São Paulo, 26 de janeiro de 1991, Suplemento Cultura, p. 7.

LUNÉ, Antonio José Baptista; FONSECA, Paulo Delfino. **Almanak da província de São Paulo para 1873:** Primeiro Anno. S. Paulo: Typographia Americana, 1873.

MARCOLIN, Neldson. Ensinamentos verdes: educação ambiental se consolida como tema interdisciplinar nas escolas de São Paulo. **Época**: p. 74, 26 de outubro de 1998.

MARTINS, Miguel. Faiança partida em inauguração. **Público**, Lisboa, 10 de outubro de 1997, p. 47.

MARUJO, Antônio. Jesuítas ouvem os de fora nos seus 450 anos em Portugal: Companhia promove debates com personalidades. **Público**, Lisboa, 24 de outubro de 1996, p. 20.

MEDEIROS, Cintia. Centro histórico de Salvador esconde tesouros. **O Estado de S. Paulo**, São Paulo, 9 de agosto de 1998, Cadeno 2, p. D31.

MEDEIROS, Jotabê. Mudanças econômicas paralisam a cultura no país. **O Estado de S. Paulo**: São Paulo, 23 de janeiro de 1999, Caderno 2, p. D3.

MILHEIRO, Ana Vaz. Congresso sobre urbanismo português em Coimbra: a cidade espontânea e a cidade planeada. **Público**, Lisboa, 5 de março de 1999 p. 29.

. Onde jaz o nº 5 da praça Marquês de Pombal? **Público**, Lisboa, 19 de março de 1999, p. 47.

ÓBIDOS vai ter museu regional: novo espaço será instalado no convento de São Miguel das Gaeiras. **Diário de Notícias**, Lisboa, 1 de outubro de 1999, p. 46.

OLIVEIRA, Luísa Soares de. Objetos de prazer: entrevista com Francisco Capelo, o comprador da coleção Berardo. **Público**, Lisboa, 5 de setembro de 1997, p. 24.

PACHECO, Nuno. Falsificar a história. **Público**, Lisboa,18 de julho de 1997, p. 6.

PAIXÃO, Guilherme. Arco de São Bento em Ascenção: reconstrução na praça de Espanha deverá estar concluída em outubro. **Público**, Lisboa, 8 de agosto de 1997, p. 46.

PAIXÃO, Manuela. Basílica de São Pedro com restauro do século: a fachada da mais importante igreja católica readquiriu seu aspecto original graças a uma tecnologia utilizada nas plataformas petrolíferas. **Diário de Notícias**, Lisboa, 1 de outubro de 1999, p. 36.

PATRIMÔNIO em baixa: Itália e França inflectem políticas culturais. **Público**, Lisboa, 11 de março de 1997, p. 26.

PEGADAS de "Eva" em África: um passeio de 117.000 anos. **Público**, Lisboa, 15 de agosto de 1997, p. 36.

PELOURINHO de Lisboa limpo à pressão. **Público**, Lisboa, 3 de outubro de 1997, p. 46.

PINTO, Maria João. Restauro aproxima Portugal e Itália: intervenção na igreja do Loreto poderá operar como projeto-piloto para futuras missões técnicas conjuntas. **Diário de Notícias**, Lisboa, p. 46, 1 de outubro de 1999.

PRESERVAR a memória. **O Estado de S. Paulo**, São Paulo, 28 de dezembro de 1998, p. A3.

PRESERVAR é fundamental. **Público**, Lisboa, 19 de fevereiro de 1999, p. 49.

PRIMEIRA azenha romana descoberta na península ibérica: identificada em conímbriga por especialista francês. **Público**, Lisboa, 21 de agosto de 1997, p. 24.

QUEIRÓS, Luis Miguel. O acordo que fixou Portugal: tratado de Alcanices foi assinado há 700 anos. **Público**, Lisboa, 12 de setembro de 1997, p. 24-25.

. Centro de fotografia ameaçado: iniciativa parlamentar do partido comunista português pode adiar por um ano o arranque das atividades no Porto. **Público**, Lisboa, 31 de julho de1997, p. 29.

REIS, Bárbara. Estados Unidos: senado salva agência da cultura. Público, Lisboa, 19 de setembro de 1997, p. 26.

REIS, João José. Estudo disseca a Bahia antiga. **Folha de S. Paulo**, São Paulo, 3 de maio de 1992, Letras, p. 6.

REMBRANDT e Dürer reencontrados: tesouro artístico roubado da Alemanha no final da II guerra. **Público**, Lisboa, 12 de setembro de1997, p. 27.

Revista **A Construção**. Arquivo. São Paulo.

Revista **Vero**. Arquivo. Santana de Parnaíba.

Revista **Visão**. Arquivo. São Paulo.

RIBEIRO, Fernanda. Obras no silêncio da cartuxa. **Público**, Lisboa, 11 de março de 1997, p. 42.

RODRIGUES, Luis Paulo. Videovigilância contestada: câmara de Guimarães quer instalar sistema para proteção dos monumentos no centro histórico. **Público**, Lisboa, 5 de setembro de 1997, p. 47.

SALA, Dalton. Os documentos da ordem de São Bento e a história da vila de Santana de Parnaíba nos tempos coloniais. **O Bandeirante**, Santana de Parnaíba, 2ª quinzena de julho de 1996, p. 4.

. Experiência de reabilitação de memória em uma população habitante em um centro histórico tombado (parte I). **O Bandeirante**, Santana de Parnaíba, 2ª quinzena de novembro de 1995, p. 2.

. Experiência de reabilitação de memória em uma população habitante em um centro histórico tombado (parte II). **O Bandeirante**, Santana de Parnaíba, 1ª quinzena de dezembro de 1995, p. 2.

. Memórias de Santana de Parnaíba: a capela do Suru. **O Bandeirante**, Santana de Parnaíba, 1ª quinzena de agosto de 1996, p. 4.

SALEMA, Isabel. História da arte para 2001. **Público**, Lisboa, 10 de janeiro de 1997, p. 26.

. Instituto goês nacionalizado: coleção de arte europeia no centro da polêmica. **Público**, Lisboa, 2 de abril de 1997, p. 26.

. Quando o gosto vinha do norte. **Público**, Lisboa, 24 de outubro de 1997, p. 28.

. Torre do Tombo sem idades: nova lei orgânica do Instituto dos Arquivos Nacionais. **Público**, Lisboa, 31 de março de 1997, p. 20.

SARDENBERG, Izalco. Roma: cidade em obras. **Época**, p. 104-111, 22 de março de 1999.

SEBASTIÃO, Luis Felipe. Nó viário arrasa tanque oitocentista: palácio Valflores, em Santa Iria de Azoia, vai ser cedido ao município. **Público**, Lisboa, 29 de agosto de 1997.

. Sintra proíbe subida da rampa da Pena. Público, Lisboa, 22 de agosto de 1997, p. 38.

. Patrimônio mundial: lei das finanças para compensar centros históricos. **Público**, Lisboa, 19 de setembro de1997, p. 24.

SE gritar pega ladrão... **Época**, p. 15, 8 de fevereiro de 1999.

SILVEIRA, Cláudia. Plano de ordenamento para zona ribeirinha. **Público**, Lisboa, 22 de agosto de 1997, p. 38.

SIZA, Rita; GOMES, Margarida. Museu da imprensa no Matadouro. **Público**, Lisboa, 26 de setembro de 1997, p. 23.

. Relíquias do chumbo. **Público**, Lisboa, 4 de abril de 1997, p. 29.

STRECKER, Marcos. Paris faz torres para 25 milhões de livros. **Folha de S. Paulo**, São Paulo, 10 de setembro de 1991, Folha Ilustrada, p. 10.

UNIÃO pelo Tietê. **O Estado de S. Paulo**: São Paulo, 24 de setembro de 1998, p. A3.

VASCONCELOS, Humberto. Ruas são penico dos cães. **Diário de Notícias**, p. 44, 1 de outubro de 1999.

VARGA, Laszló; HOLANDA, Eduardo. Bonito, mas maltratado. **IstoÉ**, p. 64-68, 11 de março de 1998.

VARGAS, Cristiana. Salvaguardar memória histórica do Montijo: governo participa na recuperação de patrimônio. **Diário de Notícias**, Lisboa, p. 46, 1 de outubro de 1999.

VIANA, Clara. Órgão da Estrela cala-se por seis meses: liturgias de domingo sem música devido a trabalhos de restauro. **Público,** Lisboa, 19 de setembro de 1997, p. 49.

WONG, Bárbara. Vende-se história de amor: espólio dos duques de Windsor em leilão. **Público**, Lisboa, 7 de agosto de 1997, p. 22.

LIVROS

ABREU, Capistrano de. *Caminhos antigos e povoamento do Brasil.* São Paulo: Briguiet, 1930.

. Capítulos de História Colonial. Rio de Janeiro: Briguiet, 1954.

ALENCAR, Francisco. *História da sociedade brasileira*. Rio de Janeiro: Editora Ao Livro Técnico, 1996.

ALMEIDA, Eduardo de Castro e. *Inventário dos documentos relativos ao Brasil existentes no arquivo de marinha e ultramar de Lisboa organizado para a Biblioteca Nacional do Rio de Janeiro*. Rio de Janeiro: Oficina Gráfica da Biblioteca Nacional, 1914.

AMARAL, Antonio Barreto do. *Dicionário de História de São Paulo*. São Paulo: Governo do Estado, 1980.

AMARAL, Aracy. *A hispanidade em São Paulo*. São Paulo: EDUSP, 1981.

ANDRADE, Mário de. *Anteprojeto de criação do serviço do patrimônio artístico nacional*.: Cartas de Trabalho a Rodrigo Melo Franco de Andrade: 1936-1945: Brasília: SPHAN, 1981, p. 39-54.

. Cartas de trabalho: correspondência com Rodrigo Melo Franco de Andrade. Rio de Janeiro: MEC, 1985.

ANDRADE, Rodrigo Melo Franco de. *Conservação de conjuntos urbanos*. Suplemento Literário do Jornal do Comércio. Rio de Janeiro, 30 de maio de 1970.

. Rodrigo e seus tempos. Rio de Janeiro: MinC, 1986.

ARAÚJO, Antônio de Sousa; SILVA, Armando B. Malheiro da. *Inventário do fundo monástico conventual do arquivo distrital de Braga e da Universidade do Minho*. Separata de Itinerarium: ano XXXI (1985). Braga, 1985, n. 121-122, p. 49-301.

ASSIS, Edvaldo de; NOGUEIRA, Margarida M. de Andrade. *Inventário analítico*: Correspondência do 2º governador e capitão general da capitania de Mato Grosso. Cuiabá: UFMT, 1991.

AZEVEDO MARQUES, M. E. de. *Apontamentos históricos, geográficos, biográficos, estatísticos e noticiosos da província de São Paulo*. Rio de Janeiro, 1879.

BABELON, J.; CHASTEL, Andrè. *La notion de patrimoine*. Revue de l'Art: n° 49. Paris: Editions Leana Lévi, 1994.

BANCO SAFRA. *O museu de arte sacra da Universidade Federal da Bahia*. São Paulo: 1987.

. *O museu de arte sacra de São Paulo*. São Paulo: 1983.

BELLOTTO, Heloísa Liberalli. *Arquivos permanentes*: Tratamento documental. São Paulo: T. A. Queiroz, 1991.

BENEDITINOS em Olinda: 400 anos. São Paulo: Sanbra, 1986.

BENJAMIN, Walter. *Teses sobre filosofia da História*. Sociologia: Grandes Cientistas Sociais: Organização de Flávio Kothe. 1985. São Paulo: Ática, p. 153-164.

BENS culturais arquitetônicos no município e na região metropolitana de São Paulo. São Paulo: Secretaria de Estado dos Negócios Metropolitanos, 1984.

BENS móveis e imóveis inscritos nos livros do tombo do patrimônio histórico e artístico nacional. Brasília: MEC, 1982.

BOSI, Alfredo. *Um testemunho do presente*. Introdução a Carlos Guilherme Mota: Ideologia da Cultura Brasileira. São Paulo: Ática, 1978, I-XVII.

BOURDIEU, Pierre; DARBEL, Alain. *Les conditions socieles de la pratique culturelle*. L'Amour de l'Art:. Paris: Minuit, 1969, p. 33-66.

CALDAS JÚNIOR, Luiz Márcio Ribeiro. *Caminhos Paulistas*: Cartas do Interior. São Paulo: Dórea Books and Art (DBA),1993.

CAMARGO, Paulo Florêncio da Silveira. *História de Santana de Parnaíba*. São Paulo: Conselho Estadual de Cultura, 1971.

CESCHI, C. *Teoria e storia del restauro*. Roma: Bulzoni, 1970.

CHASTEL, Andrè; BABELON, J. *La notion de patrimoine*. Revue de l'Art n. 49. Paris: Editions Leana Lévi, 1994.

CHOAY, Françoise. *L'allégorie du patrimoine*. Paris: Seuil, 1996.

COMPANHIA ANTARCTICA. *O Mosteiro de São Bento de São Paulo*. São Paulo: 1988.

COUTO, Jorge. *A construção do Brasil.* Lisboa: Edições Cosmos, 1988.

DARBEL, Alain; BOURDIEU, Pierre. *Les conditions socieles de la pratique culturelle.* L'Amour de l'Art. Paris: Minuit, 1969, p. 33-66.

DENIS, Ferdinand. *Résumé de l'histoire du Brésil.* Paris: Lecointe et Durey, 1825.

DUBY, Georges; LADURIE, Le Roy; LE GOFF, Jacques. A nova história. Lisboa: Edições 70, 1991.

ESTEVE-COLL, Elizabeth. *Museums and cultural reform.* Inglaterra, dezembro-janeiro 1991-1992, Antique Collector v. 63, nº 1, p. 36-39.

FALCÃO, Joaquim. *Política de preservação e democracia.* Revista do Patrimônio Histórico e Artístico Nacional: nº 20. Rio de Janeiro: SPHAN, 1980, p. 45-49.

FERREIRA, Carlos Alberto. *Inventário dos manuscritos da biblioteca da Ajuda referentes à América do Sul.* Coimbra: Instituto de Estudos Brasileiros da Faculdade de Letras da Universidade de Coimbra, 1946.

FERREIRA, Carlos Antero. *Reflexões sobre patrimônio cultural arquitetônico, ciência e inovação tecnológica.* Lisboa: Departamento de Arquitetura da Escola Superior de Belas Artes, 1983.

FRANCO, Francisco de Assis Carvalho. *História das minas de S. Paulo.* São Paulo: Conselho Estadual de Cultura, 1964.

_____. *Dicionário de bandeirantes e sertanistas do Brasil (séculos XVI ao XVIII).* São Paulo: 1954, GAROIAN, Charles R. Art history and the museum in the schools: a model for museum-school partnerships. Estados Unidos, 1992, Visual arts Research: v. 18, nº 2, p. 62-73.

GEREMIAS, Nyl-Iza Valadão Freitas; PAIVA, Ana Mesquita Martins de; SOUSA, Maria Cecília Guerreiro de. *Dom Antônio Rolim de Moura, primeiro conde de Azambuja*: Correspondências. Cuiabá: UFMT, 1982-1983, v. I-III.

GINZBURG, Carlo. *A micro-história e outros ensaios.* Lisboa: Difel, 1991.

GRAMSCI, Antonio. *Appunti sulla storia delle classi subalterne*: criteri metodici, criteri metodologici. Turim: Riuniti, 1975, (Quaderno 25). Il Risorgimento, p. 241-243.

. Os intelectuais e a organização da cultura. Rio de Janeiro: Civilização Brasileira, 1968.

. Il materialismo storico. Roma: Riuniti, 1977.

. Il Risorgimento. Roma: Riuniti, 1977.

HALL, Stuart. *Identidade cultural.* São Paulo: Fundação Memorial da América Latina, 1997.

HOMS, Maria Inmaculada Pastor. *El museo y la educación de la comunidad.* Barcelona: CEAC, 1991.

INSTITUTO HISTÓRICO E GEOGRÁFICO BRASILEIRO. Catálogo de documentos sobre a história de São Paulo existentes no arquivo ultramarino de Lisboa. Elaborados por ordem do Governo Português – 1956-1960. Rio de Janeiro: Imprensa Nacional, volumes I-XV.

INTERVENCIONES en el patrimônio arquitectónico: 1980-1985. Madrid: Instituto de Conservación y Restauración de Bienes Culturales de Espanha, 1980.

IRIA, Alberto. *Inventário geral dos códices do arquivo histórico ultramarino apenas referentes ao Brasil* (Fontes para a história lusobrasileira).

IV Colóquio Internacional de Estudos Luso-Brasileiros, Bahia, 1959. Separata de Studia: 18, 41-191. Lisboa: Centro de Estudos Históricos Ultramarinos, agosto/1966.

ITZKOWITZ, Harold et al. *Nosso Tempo*: A cobertura jornalística do século. New York: Turner Publishing, Inc., Century Books, Inc. / São Paulo: Klick Editora, 1995.

JORGE, Vítor Oliveira. *O império da ordem e a proliferação dos não-lugares*: Contradições da gestão do patrimônio arqueológico. I

Colóquio de Gestão do Patrimônio Arqueológico: Tomar, 1997. Atas: Arkeos: Perspectivas de um Diálogo: p. 113-133. Tomar, CEIPHAR, 1997.

KATINSKY, Júlio. *Casas bandeiristas*: Nascimento e reconhecimento da arte em São Paulo. São Paulo: Instituto de Geografia/Usp, 1976.

LADURIE, Le Roy; DUBY, Georges; LE GOFF, Jacques. *A nova história*. Lisboa: Edições 70, 1991.

LECOQ, Anne-Marie. *Pour une écologie du patrimoine*. Revue de l'Art: nº 94. Paris: 1991, p. 5-10.

LE GOFF, Jacques. *História e memória*. Campinas: UNICAMP, 1996.

LE GOFF, Jacques; DUBY, Georges; LADURIE, Le Roy. *A nova história*. Lisboa: Edições 70, 1991.

LEITE, Aureliano. *História da civilização paulista*. São Paulo: Martins, 1951.

LEITE, Serafim. *A cidade de São Paulo e a Companhia de Jesus*. São Paulo: Anhembi: Ensaios Paulistas, 1958, p. 28-42.

LEMOS, Maria Luísa. *Secção de manuscritos da biblioteca geral da universidade de Coimbra*: Inventário sumário. Coimbra, 1974.

LENIAUD, Jean-Michel. *Mémoire republicaine, mémoires plurielles*. França, 1989, Monuments Historiques: nº 161, p. 29-35.

LEVY, Hannah. *Valor artístico e valor histórico: Importante problema de história da arte*. Rio de Janeiro: Revista do Serviço do Patrimônio Histórico e Artístico Nacional: nº 4. Ministério da Educação e Saúde, 1940, p. 181-192.

MAGALHÃES, Aloísio Sérgio de. *Bens culturais: instrumento para um desenvolvimento social harmonioso*. Brasília: Ministério da Educação e Cultura, 1978.

MAGNANI, J. Guilherme Cantor, MORGADO, Naira I. Monteiro; OLIVEIRA Carmen L. M. V. *Santana de Parnaíba: memória e cotidiano*. 1984. Relatório de Pesquisa do Condephaat. SP, São Paulo.

MARINO, João. *Os beneditinos e as artes*. O Mosteiro de São Bento de São Paulo. São Paulo: Companhia Antarctica, 1988, p. 9-10.

MARQUES, Manuel Eufrásio de Azevedo. *Apontamentos históricos, geográficos, bibliográficos, estatísticos e noticiosos da província de São Paulo, seguidos da cronologia dos acontecimentos mais notáveis desde a fundação da capitania de São Vicente até o ano de 1876*. São Paulo: EDUSP, 1980.

MATA, Aida. *Ao encontro dos monges de Tibães*. Braga: Museu do Mosteiro de São Martinho de Tibães, 1994.

MELO Neto, João Cabral de. *O arquivo das índias e o Brasil*: Documentos para a história nacional existentes no arquivo das Índias de Sevilha. Prefácio de José Honório Rodrigues. Rio de Janeiro: Imprensa Nacional, 1966.

MICELI, Sérgio. *Estado e cultura no Brasil*. São Paulo, Difel, 1984.

MONNIER, Gerard. *Patrimoine et pratiques sociales*. Monuments Historiques: nº 182. França: julho-agosto 1992, p. 72-77.

MONTEIRO, Jonathas do Rego. *As primeiras reduções jesuíticas do Rio Grande do Sul*. Rio de Janeiro: Imprensa Nacional, 1942, Separatados Anais do Terceiro Congresso de História Nacional, Instituto Histórico e Geográfico Brasileiro, vol. IV, p. 607- 639.

MORAIS, Francisco. *Catálogo dos manuscritos da biblioteca geral da Universidade de Coimbra relativos ao Brasil*. Coimbra: Instituto de Estudos Brasileiros da Faculdade de Letras, 1941.

MOREL-FATIO, Alfred. *Catalogue des manuscrits spagnols et des manuscrits portugais*: Bibliothèque Nationale: Departement des manuscrits. Paris: Imprimerie Nationale, 1892.

MORGADO, Naira Iracema Monteiro. *O espaço e a memória: Santana de Parnaíba*. 1985. Dissertação de Mestrado na Unicamp, Campinas.

MOSTEIRO DE SÃO BENTO. *Livro do tombo do mosteiro de São Bento da cidade de São Paulo.* Prefácio de Sérgio Buarque de Holanda. São Paulo: 1977.

MOSTEIRO DE SÃO BENTO. *Livro velho do tombo do mosteiro de São Bento da cidade do Salvador.* Salvador: Tipografia Beneditina, 1945.

MOURA, Américo. *Os Povoadores do campo de Piratininga* – traços biográficos e genealógicos. Revista do Instituto Histórico e Geográfico de São Paulo, Vol. XLVII.

NOGUEIRA, Lenita W. M. *Maneco Músico*: Pai e mestre de Carlos Gomes. Arte e Ciência, 1997.

NOGUEIRA, Margarida M. de Andrade; ASSIS, Edvaldo de. *Inventário analítico*: Correspondência do 2º governador e capitão general da capitania de Mato Grosso. Cuiabá: UFMT, 1991.

NORA, Pierre (direção). *Les liex de mémoire.* Paris: Gallimard, 1986.

NUNES, Ruy. *A abadia que cresceu com São Paulo.* O Mosteiro de São Bento de São Paulo. São Paulo: Companhia Antarctica, 1988, p. 11-15.

OHTAKE, Ricardo (org). *O livro do rio Tietê.* São Paulo: Estúdio Ro, 1991.

O'KEEFE, Patrick J.; PROTT, Lyndel V. *"Cultural heritage" or "Cultural property"?.* Alemanha, 1992, International Journal of Cultural Property: v. 1, nº 2, p. 307-320.

PETRONE, Pasquale. *Aldeamentos paulistas.* São Paulo: EDUSP, 1995.

QUATROCENTOS anos do Mosteiro de São Bento da Bahia. São Paulo: Gráfica Raízes, 1982.

RAU, Virgínia; SILVA, M. F. Gomes da. *Os manuscritos da casa de Cadaval respeitantes ao Brasil*: Coimbra: Universidade de Coimbra, 1955, v. I-II.

RÉAU, Louis. *Histoire du vandalisme.* Paris: Robert Laffont, 1994.

REIS FILHO, Nestor Goulart. *Evolução urbana no Brasil*: 1500-1720. São Paulo: EDUSP, 1968.

. Nestor Goulart. *Quadro da arquitetura no Brasil*. São Paulo: Perspectiva, 1978.

RICHEZ, Jean-Claude. *Politique du patrimoine et pollution*. França, julho-agosto 1992, Monuments Historiques: nº 182, p. 91-95.

RIEGL, Alois. *Le culte moderne des monuments*. Paris: Seuil, 1894.

RIVARA, Joaquim Heliodoro da Cunha. *Catálogo dos manuscritos da biblioteca pública eborense ordenado pelo bibliotecário Joaquim Heliodoro da Cunha Rivara*: Lisboa: Imprensa Nacional, 1850, Tomo I.

RODRIGUES, José Honório. *História da História do Brasil*: 1ª parte: Historiografia colonial. São Paulo: Nacional, 1979.

RODRIGUES, Nilson; MARTIRE, Sergio. *Estrada de ferro Perus-Pirapora*: História. c. 1999.

SAIA, Luis. *Morada paulista*. São Paulo: Perspectiva, 1972.

SAINT-HILAIRE, Auguste de. *Segunda viagem do Rio de Janeiro a Minas Gerais e a São Paulo*. Belo Horizonte: Itatiaia, 1974.

. *Viagem à província de São Paulo e resumo das viagens ao Brasil, província cisplatina e missões do Uruguai*. São Paulo: Martins, 1945.

SALA, Dalton. *Artes plásticas no Brasil colonial*. São Paulo: ECA/USP, 1996.

. *Benedito Calixto: memória paulista*. São Paulo: Pinacoteca do Estado, 1990.

. *Mário de Andrade e o anteprojeto do SPHAN*. São Paulo: Rev. IEB, IEB/USP, 1990, 31, 19-26.

. *Seminário da Luz: o fim de um patrimônio de São Paulo*. São Paulo: Pau Brasil, DAEE, 1985, 8, 90-93.

. *O serviço do patrimônio histórico e artístico nacional e a questão das reduções jesuíticas da Bacia do Prata*: Um capítulo da historiografia artística brasileira durante o Estado

Novo: 1937-1945. Porto Alegre: Estudos Ibero-Americanos, PUC/RS, 1989, 15 (1), 245-57.

. *O serviço do patrimônio histórico e artístico nacional*: História oficial e Estado Novo. São Paulo: ECA/USP, 1988.

SAMPAIO, Teodoro. *Tupi na geografia nacional*. São Paulo: Nacional, 1987.

. *São Paulo no século XIX e outros ciclos históricos*. Petrópolis: Vozes, 1978.

SANBRA. *Museu de arte sacra: mosteiro da Luz*. São Paulo, 1987.

SANTANA, João José; SANTANA, João; CARDOSO FILHO, Antonio O. S. *Polyanthea*. São Paulo: Companhia Melhoramentos de São Paulo, 1925.

SERRÃO, Joaquim Veríssimo (prefaciador). *Academia das ciências de Lisboa*: Catálogo de manuscritos: Série Vermelha. Lisboa: Publicações do Segundo Centenário da Academia das Ciências de Lisboa, 1978-1986, v. I-II.

SILVA, M. F. Gomes da; RAU, Virgínia. *Os manuscritos da casa de Cadaval respeitantes ao Brasil*: Coimbra: Universidade de Coimbra, 1955, v. I-II.

SILVA-NIGRA, Dom Clemente Maria da. *Os dois escultores: frei Agostinho da Piedade – Frei Agostinho de Jesus e o arquiteto frei Macário de São João*. Bahia, Universidades Federais da Bahia, 1971.

SISSON, Rachel. *Patrimônio histórico: uma experiência no Rio de Janeiro*. Rio de Janeiro: Lidador, 1982.

SOUZA Jr., Antônio de. *Manuscritos do Brasil nos arquivos de Portugal e Espanha*. Rio de Janeiro: Imprensa do Exército, 1969.

STAPP, Carol B. *The articulation of museum education policy in America and Britain*. Estados Unidos, 1992, Visual arts Research: v. 18, nº 2, p. 1-19.

TAUNAY, Affonso d'Escragnole. *Ensaio de carta geral das bandeiras paulistas*. São Paulo: Melhoramentos, 1926.

. *História da cidade de São Paulo.* São Paulo: Melhoramentos, 1945.

. *História geral das bandeiras paulistas.* São Paulo: Tipografia Ideal – H. L. Canton/Imprensa Oficial do Estado, 1924-1950, tomos I-XI.

TELLES, Augusto Carlos da Silva. *Atlas dos monumentos históricos e artísticos do Brasil.* Rio de Janeiro: Ministério da Educação e Cultura, 1980.

TOLEDO, Benedito Lima de. *O caminho do mar.* Revista do Instituto de Estudos Brasileiros da Universidade de São Paulo nº 1. São Paulo: IEB/USP, 1966, p. 37-70.

VELLOSO, Júlio Caio. *Manuscritos da academia das ciências de Lisboa relativos ao Brasil:* Portugal. Revista do Instituto de Cultura e Língua Portuguesa. Março/1990, SÉRIE AZUL, 26-54.

VICO, Giambattista. *La scienza nuova.* Nápoles, 1730.

DOCUMENTOS

Atas da Câmara de Santana de Parnaíba (a partir de 1906).

Atos dos Prefeitos Código de Posturas da Vila de Parnaíba. Lei n.º16, de 10/12/1901.

Glossário Territorial e Administrativo, anexo da CEPAM – Fundação Prefeito Faria Lima, s/d.

Inventário e Testamento de Belchior Dias Carneiro, irmão de Suzana Dias, em 1608, Inventário e Testamento de Suzana Dias, em 1628.

Inventário e Testamento de Pero de Araújo. Foram encontradas várias estâncias do canto V de *Os Lusíadas,* de Camões (Inv. E Test.,V, Páginas 195-196).

Inventários e Testamentos, XXVII, p. 109 (Confirmação da provisão régia em nome do Padre Francisco Fernandes de Oliveira).

MENNUCCI, Sud. Atas da Comissão de Divisas Municipais: arquivo pessoal de Ralph Mennucci Giesbrecht. 1934-35.

PIZA, Marcello. *Os municípios do Estado de S. Paulo*: Informações Interessantes. São Paulo: Serviço de Publicações da Secretaria da Agricultura do Estado de S. Paulo, 1924.

REPARTIÇÃO DE ESTATÍSTICA E ARQUIVO DO ESTADO. *Sinopse estatística da situação geral dO Estado de S. Paulo no ano de 1929*. São Paulo: 1929.

SABESP. Informativo distribuído aos moradores da cidade. São Paulo: 1987.

SECKLER, Jorge. *Almanach da província de São Paulo*: Administrativo, industrial e commercial para 1887: Quinto Anno. São Paulo: Editores Proprietários Jorge Seckler e Comp., 1887.

SECRETARIA da Cultura e do Turismo da Prefeitura do Município de Santana de Parnaíba. *Santana de Parnaíba, berço de bandeirantes*. 1995.

Solicitação de terras de Melchior ou Belchior da Costa para suas filhas, em 1610. (Sesmarias I, pp. 86-88).

TESES

MORGADO, Maria Iracema Monteiro. *O Espaço e a Memória*: Santana de Parnaíba. 1987. Dissertação de Mestrado, UNICAMP, Campinas.

DEPOIMENTOS PESSOAIS

Andréia Manzaro; Edgar Harry Schmitz; Emílio Carlos Soares; Fernando Bruno de Albuquerque; José Carlos Misorelli; Leonardo Rodrigues da Cunha; Maria Apparecida Miranda;

Maria Helena Toledo Arruda Santos; Mônica Bunster; Nuno Luis de Carvalho Lopes Alves; Ofélia Moraes Moreira, Renato de Albuquerque; e Roberto de Albuquerque.

INTERNET

www.futuro.usp.br/autores/castroalves/html
www.historia.asp.com.br
www.guianet.com.br
www.quilombovirtual.com.br
www.ponteiro.com.br
www.novomilenio.com.br
www.genealogiapaulistana.com.br

ÍNDICE ONOMÁSTICO

Cremm, Rodolpho 11
Cruz, Coronel Raymundo Inácio da (prefeito 1910-1913) 230
Cruz, João Francisco da 241
Cruz, João Martins da 254
Cunha, Ofélia 175

D. João II (o Príncipe Perfeito) 22, 24
D. João III (rei de Portugal) 44
D. João IV 89, 91
D. João V 126
D. João VI 138, 151
D. José I 137
D. Luís de Céspedes y Xeriá 65
D. Manuel (o Venturoso) 48
D. Pedro I 142
D. Pedro II 141, 147
D'Ávila, Luiz Felipe 118
Da Silva, Domingos Jorge 94, 107
De Bragança, Catarina (rainha) 116
De Jesus, Agostinho (frei) 69
De Santa Magdalena, Francisco (frei) 68
Denis, Ferdinand 122
Derby, Orville (geógrafo) 76
Dias Fernandes (família) 55
Dias, Catarina 66
Dias, Custódia 67
Dias, Fernão (o Caçador de Esmeraldas) 80, 95
Dias, Lopo 51
Dias, Lucas Pedroso 241
Dias, Suzana 17, 24, 45, 51, 53, 56, 57, 62, 63, 64, 66, 67, 70, 96, 99, 102, 103, 104, 107, 109, 110, 157, 168, 175, 224
Dias, Suzana (rua) 175, 70
Diniz, Cristóvão 96, 103
Dóglio, Ana de Oliveira 11

Domingos (fundador de Itu) 52, 96
Dutra, Miguel Benício 58

Eid, Marco Antonio 10
Eleutério, Agacir Soares 9
Esteves, Bráz 113
Fábio 203
Falcão, Fernão Dias 107, 108
Fam, Rodrigues (major Fão) 159
Fão (major Fão) 159
Fão, Baltazar Rodrigues (major Fão) 106
Feijó 142
Feijó (padre) 142
Feijó, Diogo 142, 143
Feijó, Diogo Antônio 142
Feijó, Regente 141
Felipe (filho do autor) 10
Felipe II 22, 48, 55
Fernandes, André 24, 52, 56, 57, 63, 65, 66, 67, 69, 71, 76, 93, 104, 106, 107, 112, 157, 172, 224
Fernandes, Baltazar 71, 102, 111, 112, 113
Fernandes, Domingos 68, 96, 103, 110
Fernandes, Jorge 66
Fernandes, José Benedito Pereira (prefeito 2004-2008) 231
Fernandes, Manuel 52, 55, 56, 99, 110
Fernandes, Margarida 66
Fernandes, Maria 66
Fernandes, Sebastiana 104
Fernando 203, 204
Fernando e Isabel 22
Fernão 96, 97
Ferreira, Antônio (padre jesuíta) 158
Ferreira, Antônio Leite 112, 114